Teresa von Avila

# „Ich bin ein Weib – und obendrein kein gutes“

**HERDER spektrum**

Band 4904

Das Buch

Das Bild, das Erika Lorenz von Teresa von Avila entstehen läßt, ist eben gerade nicht die süß verkitschte Heiligenscheinfigur, sondern ein lebendiges „Weib“ mit allen Ecken und Kanten menschlicher Unzulänglichkeiten und weiblicher Eitelkeiten, Machtstrebens und Kampfgeistes. In neuer Übersetzung werden hier Texte aus dem Gesamtwerk dieser dynamischen Heiligen (1515–1582) ausgewählt, deren gewinnende Menschlichkeit zur Nachahmung ermutigt. Es ist ein sehr menschliches Bild, aber auch das Bild des religiösen Genies, des Genies der Gottes- und Menschenliebe, das insbesondere vor dem Hintergrund der zeitgeschichtlichen Besonderheiten Spaniens des 16. Jahrhunderts lebendig, faszinierend und tief überzeugend wirkt. Gerade anhand dieses Portraits wird deutlich, wie wenig Mystik – das ist der zeitlose Aspekt – mit Bigotterie, Mystizismus und naivem Frommsein zu tun hat. Wer mit diesem Portrait Teresas in Berührung kommt, kann sich dem Zauber ihrer außerordentlichen Persönlichkeit kaum entziehen. Triebfeder ihres rastlosen Wirkens – von einem kirchlichen Würdenträger wurde sie einmal respektlos als vagabundierende Landstreicherin bezeichnet – als Reformerin des Karmel ist ihre Freundschaft mit Gott, der schicksalhaft in ihr Leben einbricht, es bis in alle Tiefen erschüttert und ihre radikale und totale Antwort verlangt.

Die Herausgeberin

*Erika Lorenz*, geboren 1923 in Hamburg, Studium der Hispanistik, Literatur- und Musikwissenschaft. Promotion und Habilitation (1960) in Romanischer Philologie. Ehemalige Professorin an der Universität Hamburg. Hauptforschungsgebiet: spanische Spiritualität des 16. Jahrhunderts.

Teresa von Avila

# „Ich bin ein Weib – und obendrein kein gutes“

## Eine große Frau, eine faszinierende Mystikerin

Ausgewählt, übersetzt und eingeleitet von Erika Lorenz

HERDER

FREIBURG · BASEL · WIEN

Erstmals erschienen in der Reihe *„Texte zum Nachdenken“*,
herausgegeben von Gertrude Sartory
7. Auflage 1991

Gedruckt auf umweltfreundlichem,
chlorfrei gebleichtem Papier

5. Auflage der überarbeiteten Neuausgabe


www.herder.de
Herstellung: fgb · freiburger graphische betriebe 2004
www.fgb.de
Umschlaggestaltung und Konzeption:
R·M·E München/Roland Eschlbeck, Liana Tuchel
ISBN 3-451-04904-X

MEINEM LEHRER
RUDOLF GROSSMANN

# INHALT

## WERKE, MEINE TÖCHTER, WERKE



## EINE ZIEMLICHE EINSAMKEIT



## MEMENTO: DER SCHMETTERLING (133)

*Glockenturm
an den Mauern von Avila*

# HINFÜHRUNG ZU DEN TEXTEN

Wer von Teresa von Avila spricht, spricht von Gott. Aber auch vom Mitmenschen, von sich selbst. Alles das enthält und umfaßt die unfaßbare Persönlichkeit der Teresa von Avila. Unfaßbar und handfest, sicher in der Banalität des Alltags, vertraut mit dem Wesen subtilster Transzendenz, und beides zugleich in der Selbstverständlichkeit der Erfahrung. Gründet Teresa ein Haus, so läßt sie zunächst Stroh aufschütten, damit man zumindest ein Lager habe. Betet sie, so unterhält sie sich mit dem Herrn, den sie als in ihrem Herzen anwesend erlebt. Sie spricht zu ihren Mitmenschen und von ihren Erfahrungen im Konjunktiv der Behutsamkeit, wenn nicht im Indikativ der Nüchternheit. Herzenstakt und maßvolle Klugheit kennzeichnen sie, aber ebenso die maßlose Liebe. Ein Genie der Liebe, das aus dem Du und für das Du lebt, das es am Quellpunkt der Gottverbundenheit findet.

Wie ist es möglich, ein Porträt zu entwerfen von der Strömenden, Flutenden, in aller Demut Grenzenlosen? Ihr Ordensbruder Fray Juan de la Miseria hat es als Maler versucht. Die Anekdote berichtet uns den Seufzer der Heiligen: »Gott verzeihe Dir, Bruder Juan!« Häßlich und triefäugig fand sie sich auf dem Bild: war es wirklich nur die weibliche Eitelkeit der Sechzigerin, die von ihrer – zumindest einstigen – Schönheit wußte? Mir scheint sich in diesen Worten eher das Unbehagen auszudrücken, daß der Maler das Geistige nicht einzufangen vermochte, die sprühende Lebendigkeit, die entschlossene Güte, den selbstkritischen Humor. Und vor allem: Gott läßt sich nicht malen, diese Ausstrahlung, dieses »lebendige Wasser« ihrer Seele.

Nicht zufällig nennt sie das Wasser ihr Lieblingssymbol: strömend und tief, bewegt und still, stets angepaßt und immer zielgerichtet, aber auch grenzenlos und ursprunggebunden.

Das Porträt dieser Texte ist als Selbstporträt angelegt, stets der Tatsache bewußt, daß dieses Wesensbild, wie ich es nennen möchte, erst dem Nachdenkenden seine ganze Tiefe und Weite erschließt. Der Leser muß also »mitmalen«, um bei der Porträtmetapher zu bleiben. Er wird dabei entdecken, daß Gott sich im Summen einer Biene verbirgt oder Teresas Anbetung im Gebrauch von Küchengeräten. Und vor allem: daß der Glaube erst das Geschaute zum Bilde fügt[1]. Ich habe die Auswahl aus allen ihren Werken getroffen, nur die klosterinternen ausgenommen (Satzungen und dergl.). Als Hintergrund wird dabei die Lebensgeschichte sichtbar mit den inneren Entwicklungen dieser Frau, die kühn und dynamisch die Schwelle zur Neuzeit überschritt.

Unsere heutige Zeit vermag immer wieder in Teresa von Avila eine Heilige nach ihrem Herzen zu erkennen, weil ihr die Gottesliebe zum »sozialen Engagement« geriet. Das ist einerseits richtig, es geht Teresa nicht um das persönliche Seelenheil, sondern um das ihrer Mitmenschen. Aber hier zeigt sich auch schon der Unterschied: sie will nicht allgemeinen Wohlstand schaffen in der Welt, sondern die Gottverlorenheit, die Heillosigkeit dieses Lebens zurückführen, rückbinden an seinen in Ewigkeit rettenden Ursprung.

Teresas Einsatz, ihre Hinwendung zum Mitmenschen ist gerade in ihrer Absolutheit an eine Vorbedingung geknüpft: Völlige Hingabe an Gott, für dessen Liebe die Heilige in dieser Welt Werkzeug und Medium wird.

Gerade weil Teresa tief um Gottes Transzendenz, seinen unbegreiflichen »Überstieg« weiß, erkennt sie die Unabdingbarkeit seiner Menschwerdung in der Heilsgeschichte. Ihre unbefangene Christozentrik entzieht sich jedem weltlichen Zugriff.

Schon 1587, fünf Jahre nach ihrem Tode, schreibt der Herausgeber ihrer Werke, der große Dichter, Theologe und Augustinermönch Fray Luis de León über Teresas Gegner:

> *»Sie meinen, Gott könne sich mit niemandem so menschlich einlassen. Dann haben sie aber ihren Glauben nicht durchdacht. Wenn man bekennt, daß Gott Mensch wurde, wie kann man dann die Möglichkeit bezweifeln, daß er zum Menschen spricht? Ist es mehr, einem seiner Knechte zu erscheinen und mit ihm zu sprechen, als sich zum Knecht aller zu machen und für sie den Tod zu erleiden?«*[2]

Doch wäre es ein Irrtum zu meinen, Teresas Mystik bestehe aus »mystischen Phänomenen«. Diese treten eine Weile gehäuft auf und gehen dann gerade in der Unio mystica zurück. Wesentlich – nicht zuletzt ihrem eigenen Bewußtsein – ist einzig die bis zur Absolutheit angestrebte Hingabe an »den Willen Gottes«, wie man das in ihrer Zeit nennt. Dieser alte »Voluntas«-Begriff wird heute oft mißverstanden, als gehe es darum, zu allem Schrecklichen und Absurden dieses Lebens ja zu sagen. Nicht so Teresa und ihre christlich-augustinische Tradition. Hier ist der Wille jene strebende Gerichtetheit, die man bei Gott auch als Liebe bezeichnet. Sie schließt nach katholischer Auffassung den Heilswillen für alle ein. Teresas mystische Erfahrung bestätigt dies, denn je mehr sie sich dem Willen Gottes »eint«, um so stärker und liebevoller wendet sie sich ihren Mitmenschen zu. Dienst am Nächsten heißt das konkrete Merkmal ihrer Gottesliebe.

Die für sie so charakteristische Doppelheit, der Antagonismus oder die Paradoxie von kontemplativer Versunkenheit und unermüdlicher Aktivität findet hier eine – freilich nur dem Glauben zugängliche – Erklärung. Aber auch das modern-rationale Denken kann die Tatsache nicht übersehen, daß Teresa in den dauerhaften Zustand der Unio mystica nicht zum Zeitpunkt größter Zurückgezogenheit eintritt, sondern inmitten höchster, von Reisen und Klostergründungen bestimmter Aktivität. Unterstützend tritt hier gewiß ihr Wesen hinzu: extravertiert und menschenzugewandt, aber auch gottsuchend, ewigkeitsbewußt und opferbereit »von Kindesbeinen an«: Sie selbst berichtet in ihrer Autobiographie vom Eindruck, den das Wort »ewig« auf sie machte, von der »erbärmlichen Furcht« vor ewiger Verdammnis, die ein wichtiger Grund zum Klostereintritt war (freilich nicht blieb!) und von ihrem kindlichen Aufbruch mit dem Bruder, um für Gott den Märtyrertod im Maurenland zu erleiden, wenn auch der Kreuzzug schon vor den schützenden Mauern von Avila endete. Auch »Nonne spielen« war dem Kinde Teresa ein herrlicher Verkleidungsspaß, und es fehlte nicht an Stimmen, die meinen, sie habe auch im Kloster 18 Jahre lang nur Nonne gespielt.

Der »Mitmaler« ihres Porträts möge selbst urteilen. Sicher ist, daß hier ein Aspekt ins Blickfeld kommt, der das erste Kapitel und den Titel dieses Buches bestimmte: *»Ich bin ein Weib und obendrein kein gutes«* – dieser so aus der altbewährten Übersetzung des Pater Aloysius Alkofer OCD übernommene Satz[3] mag auf den ersten Blick erheitern oder schockieren. Er birgt jedoch entscheidende Wahrheiten. Als Frau war Teresa für die Kontemplation und absolute Hingabe an den immer wieder durch Christus erfahrenen Gott besonders geeignet. Als »Weib« hatte sie in ihrer Zeit aber auch große Schwierigkeiten. Sie mußte ja nicht nur ihre Zeitgenossen, sondern auch ihr eigenes Bewußtsein davon überzeugen, daß sie mehr für Gott tun durfte, ja, mußte, als einer Frau damals »zustand«. Ich möchte hier wieder Fray Luis de León zu Worte kommen lassen:

> *»So ist es wirklich etwas ganz Neues und Unerhörtes, daß eine schwache Frau den Mut zu so großen Unternehmungen aufbrachte. Und daß sie dabei so weise und geschickt vorging, daß sie die Herzen aller gewann, die ihr*

*begegneten. So konnte sie diese Gott zuführen. Sie zog ganz einfach die Menschen hinter sich her, selbst gegen die Schwachheit der sich sträubenden Natur. In dieser unserer Zeit, da der Teufel in der Masse ihm verfallender Ungläubiger triumphiert, (...) will ihn Gott, so meine ich, in besonderer Weise demütigen und beschämen: darum sandte er keinen tapferen Mann von großer Gelehrsamkeit in den Kampf, sondern eine arme alleinige Frau, auf daß sie den Teufel herausfordere und ihr Banner gegen ihn aufpflanze«*[4].

Fray Luis de León, der schon dreiunddreißig Jahre vor Teresas Heiligsprechung schrieb »die Mutter Teresa war heilig, überaus heilig«[5], spielt hier auf die vielfältigen Glaubensschwierigkeiten nicht zuletzt im Spanien Teresas an: Die Proteste und Abspaltungen von der Kirche, die durch die spanische Inquisition nicht zu neuen Kirchenbildungen, wohl aber zu einem blühenden religiösen »Untergrund« mit mystischen, vor allem aber pseudomystischen Zügen führte (d.h. wo man den Eigenwillen als Willen Gottes interpretierte); die neue Situation mit dem Heer scheinbekehrter Juden und Mauren, deren Verfolgung zugleich die Wirtschaft zum Erliegen bringt, und – für Teresas Bewußtsein besonders wichtig – mit dem erst dreiundzwanzig Jahre vor ihrer Geburt entdeckten amerikanischen Kontinent, dessen Millionen unschuldiger »Ungläubiger« Spanien vor Probleme stellt, aus deren Lösung sich u.a. die »Menschenrechte« entwickeln[6]. Alles das spielt eine Rolle in Teresas religiösem Leben, in ihrem »Sendungsbewußtsein«, das von ihrem Frausein innerlich gefördert und äußerlich behindert wird. Hinzu kommt die ganz spezielle Situation der karmelitischen Frauenklöster in Spanien. Sie sind aus »Beaterios« hervorgegangen, frommen Gemeinschaften adeliger Frauen, meist mit Gelübden (nicht immer allen), jedoch stets ohne Klausur und mit nur teilweise geregeltem und gemeinsamem Gebetsleben. Es kann hier nicht die Ordensgeschichte berichtet werden[7], doch sei nicht vergessen, daß das Menschwerdungskloster, in dem Teresa 1537 Profeß ablegt, aus solchem »Beaterio« hervorgegangen ist. Etwa von ihrem Geburtsjahr an bemüht man sich, aus dieser Art von »Drittem Orden« ein reguläres Klosterleben zu entwickeln, mit Stundengebet und allen Gelübden, jedoch noch gelockerter Klausur. Es ist kaum möglich in einer Gemeinschaft von 180 Nonnen, die an Gäste mit Dienerschaft reinen Gewissens gewöhnt sind, nun jene Anforderungen eines streng kontemplativen Ordens zu stellen, die seine Ursprünge als Eremitensiedlung auf dem Berge Karmel in Palästina gekennzeichnet hatten.

Auch war ein regulärer weiblicher Orden zur Zeit des Eintritts Teresas in Spanien noch nicht entwickelt. Sie traf im Karmel von Avila also nicht, wie meist angenommen, auf ein verlottertes Frauenkloster, sondern auf eine im Werden begriffene Klostergemeinschaft voller guten Willens, aber mit geringen Möglichkeiten, die jedoch als »Norm« akzeptiert waren. Zu den wirtschaftlichen Schwierigkeiten des niederen Adels in Spanien, der solche halbklösterlichen Gemeinschaften zugleich förderte und hemmte, gesellte sich bei den Karmelitinnen mangelnde Orientierung, da es eine greifbare Ordensgründung durch eine charismatische Persönlichkeit der Vergangenheit nicht gab, sondern nur wüstenfern dunkle, in den Städten Europas dann erheblich abgewandelte und nicht klar zu lokalisierende Anfänge. Weitgehend ungelöst war auch im Menschwerdungskloster das Seelsorgeproblem in einer so großen Gemeinschaft und bei dem allgemeinen Niedergang sowohl der männlichen Orden wie des Weltklerus zur damaligen Zeit, wovon die bitter satirische Literatur reichlich Zeugnis ablegt.

Es lag also nicht an Teresas »weltlicher Gesinnung«, wenn sie achtzehn Jahre lang menschliche Seelenführung nur in dem berühmten Kontemplationsbuch des Francisco de Osuna[8] fand – was freilich insgeheim ihre »Freundschaft« und ihr »Gespräch« mit Christus gefördert haben mag. Es bedurfte wirklich ungewöhnlicher, schon heiligmäßiger Energie und »heroischer Tugend«, um dieses ganz »normale« Maß klösterlicher Frömmigkeit und des Dienstes an Gott und den Menschen zu übersteigen.

Teresas zahlreiche Klagen, wie »schlecht« sie gewesen sei – ein Weib und obendrein kein gutes –, haben einerseits ihre Wurzel im tiefsten Gefühl, daß nichts genügt, weil »Gott allein genügt«: weil die Liebe und Heiligkeit Gottes dem ihm zugewandten Menschen in einem Maße die eigene Unzulänglichkeit, Lauheit und Schwäche ins Bewußtsein bringen, daß gerade der »gute Wille«, gerade die wachsende Gottesliebe den Blick auf die eigene Person zum verzagten Schrecken werden läßt. Darum traf Teresas berühmtes »Bekehrungserlebnis« vor der leidensgezeichneten Christusstatue keine Unvorbereitete: Es löste die noch fehlende letzte Entschlossenheit aus, den Mut, sich über Zeit, Situation und »Weib sein« hinwegzusetzen. Als dieser Entschluß mit Gottes Hilfe gefaßt war, gestalteten sich auch die äußeren Umstände zumindest so weit günstig, als daß Teresa daran denken konnte, Widerstände zu überwinden. So wurde aus dem Gedanken der Klostergründung zugleich Ordensreform, beginnend bei den Frauen; wobei das erste sichtbare Zeichen, das winzige Kloster San José, 1562 ganz Avila in Aufruhr versetzte und Teresa die ersten großen Feindschaften im eigenen (Menschwerdungs)-Kloster und Orden einbrachte; Reform auch für die Mönche, die sie nötig hatte (wie alle durch Privilegien »aufgeweichten« Bettelorden). Teresa will jedoch nicht reformieren um des Ordens, sondern um der Ungläubigen willen, für die es im Orden durch Gebete und Nachfolge Christi einzustehen gilt.

Aber ehe es zu Reformen und Gründungen kommt, setzt Teresa, deren realistische Einschätzungsfähigkeit sich nicht zuletzt auf die eigene Person erstreckt, bei ihrem Gebetsleben an. Ist doch das Gebet, insbesondere das kontemplative, der königliche Weg zu Gott, zum Wachsenlassen des »Christus in uns«, das Aufgabe eines jeden christlichen Lebens ist. Lektüre, gute Beichtväter, am meisten jedoch die eigene, als Führung Gottes erlebte Erfahrung, lassen Teresa eine nachvollziehbare Gebetslehre entwickeln.

Da alle Überschriften dieser Anthologie als »Selbstporträt« ihren Texten entnommen sind, wird der entscheidende Ausgangspunkt dieser teresianischen Gebetslehre mit der Überschrift des zweiten Kapitels *»Umgang mit dem Freunde«* angesprochen. Denn dieser Umgang ist nichts anderes als das berühmte und oft mißverstandene »innere Gebet«. Teresa meint damit die vom Betenden aktiv zu leistende Vergegenwärtigung Gottes. Sie soll sowohl das einfache mündliche Gebet in die rechte Sinnsphäre heben, wie auch den Übergang bilden zum späteren »Gebet der Ruhe«, das nun Gott die Aktivität überläßt.

Damit wird im nächsten Kapitel *»Mein Geliebter ist mein«* das Gebet der Ruhe zum eigentlichen Beginn der kontemplativen oder mystischen Stufe, da der menschliche »Wille« immer häufiger das Wirken des göttlichen »Willens« in sich bejaht, bis beide in absoluter Gleichrichtung ununterscheidbar sind. Modern ausgedrückt: daß der Mensch die Liebe Gottes immer häufiger erfährt und zugleich in sich verwirklicht, bis er lebt und liebt, so sehr und so weit ihn diese Liebe Gottes trägt. Die christliche Besonderheit dieses nicht weiter diskutierbaren mystischen Prozesses ist die Unabdingbarkeit eines personhaften Gegenüber. Hierin liegt das Geheimnis, die Paradoxie christlicher Mystik, aber auch des christlichen Trinitätsbegriffes, da auch Gott in sich nicht ohne liebende Zuwendung zum Du gedacht wird. Gewiß wird darum Teresas endgültiger Eintritt in die Unio mystica nicht zufällig von Trinitätsvisionen begleitet. Vor allem aber orientiert sich die Heilige mit ihrer Christozentrik am Hohen Lied, dessen »Mein Geliebter ist mein« von ihr nun in sowohl persönlicher wie paradigmatischer Weise erfahren wird. Im Gegensatz zum halb- oder pseudomystischen Wesen ihrer Zeit endet nun aber Teresa nicht in Passivität und »Liebesgenuß«. Die Erfahrung der Einswerdung wird ihr ja zuteil inmitten ihres »sozialen Engagements«, wie wir heute sagen würden, und stärkt dieses derartig, daß nun im äußeren Erscheinungsbild ganz »Marta« bestimmend ist, in deren Innerem freilich »Maria« lebt. Hatte Teresa auf den ersten Stufen des geistlichen Lebens der äußeren Zurückgezogenheit bedurft, um innerlich zur Ruhe in Gott zu kommen, erlaubt nun die Ruhe in Gott größte äußere Aktivität: ja, sie zwingt dazu! Ist doch Gott der Schöpferische, der Liebende, der unermüdlich Wirkende. Aber bei aller »Zusammenarbeit«: der Mensch ist nicht Gott, er steht auch in der Unio mystica in der Nachfolge des Kreuzes. Der »Gewinn des Geliebten« bringt Teresa verstärktes Leiden am niemals genug Vollbringenkönnen. Und nicht nur in ihrer Eigenschaft als Mensch oder gar »schlechtes Weib«: das Kreuz kommt drohend und gewaltig auf sie zu in Gestalt ihres eigenen Ordens.

Die Marta, die im vierten Kapitel ausruft *»Werke, meine Töchter, Werke!«*, muß die ganze menschliche Bosheit und Unzulänglichkeit genau in dem geistlichen Bereich erfahren, in dem zu wirken ihr aufgetragen ist, ja, mehr noch: sie muß hinnehmen, daß man sie auf dem Höhepunkt ihrer Fähigkeiten fünf Jahre am praktischen Wirken hindert, »abschiebt«.

Daß sie es mit Humor, Gelassenheit und schriftstellerischer Glanzleistung trägt, darf nicht über die Schwere der Belastung hinwegtäuschen. Haben doch auch ihre geliebten Töchter und Söhne, ihre Mitarbeiter zu leiden (über ihre eigene Begegnung mit der Inquisition lacht sie).

Aber die »beschuhten Brüder«, die keineswegs reformiert werden möchten – schon gar nicht auf Betreiben einer Frau –, haben den Johannes vom Kreuz ins Gefängnis geworfen, aus dem er erst neun Monate später recht abenteuerlich entfliehen kann. Seine Leiden veranlassen Teresa, sich an König Philipp II. zu wenden, wie sie es schon einmal anläßlich geringerer Schwierigkeiten des P. Gracián getan hatte. Der König ist ein wichtiger Beschützer und Förderer der entstehenden neuen Kongregation der »Unbeschuhten Karmeliten« (eigener Orden erst nach Teresas

Tod). Zwei wichtige Schritte auf dem Weg dieses zukünftigen Ordens sind 1579 die Einsetzung des P. Salazar zum Generalvikar der »Unbeschuhten Karmeliten« durch Zusammenarbeit des Königs mit dem päpstlichen Nuntius, wodurch die Hauptquerelen beendet sind, und 1581 die Tagung des ersten Kapitels in Alcalá de Henares, das den P. Jerónimo Gracián zum Provinzial für Kastilien und Andalusien, das heißt für alle Neugründungen in Spanien wählt. Damit ist die Trennung von Beschuhten und Unbeschuhten auch von der »Basis« her besiegelt[9]. Teresa selbst hatte die Satzungen ausgearbeitet, wobei sie auf die »ursprüngliche Regel« der Karmeliten, vor Einführung der Milderungen durch Papst Eugen IV., zurückgriff.

Wer aber war dieser Pater Jerónimo Gracián de la Madre de Dios, der eine so entscheidende Rolle in der Ordensgeschichte und im Leben Teresas spielte, daß ihm in dieser Anthologie das Kapitel *»Eine ziemliche Einsamkeit«* gewidmet ist?

Als die Mutter Teresa ihn 1575 anläßlich ihrer Andalusienreise kennenlernte, war er dreißig Jahre alt, seit drei Jahren im Orden und schon Provinzialvikar. Er muß ein sehr starkes persönliches Charisma besessen haben, »da fast alle, die mit ihm zu tun haben, ihn lieben«, wie Teresa schreibt[10] – nicht zuletzt die Heilige selbst! Die Mischung seines Charakters – fröhlich wie ein Kind und streng wie ein Wüstenvater[11] – muß auf die reife gotterfüllte Frau eine unsagbare Anziehungskraft ausgeübt haben. Er wird während der zwanzig gemeinsamen Tage für immer ihr Beichtvater, Freund, Vertrauter. »Ohne Übertreibung: es waren, glaube ich, die schönsten Tage meines Lebens«, gesteht Teresa[12], die später die Schwestern andernorts »beneidet«, die Graciáns Predigten hören können[13]. Manchmal begleitet er sie auf ihren Reisen. Er bringt sie, die Heitere, aber mit Verantwortung Überladene zum Lachen. Und er bringt sie am Ende auch zum Weinen, denn ganz kann und darf dieser so »vollkommene« Ordensmann wohl die ihm entgegengebrachte Liebe nicht verstehen.

Was Teresa hier empfindet, ist offensichtlich mehr als Caritas. Es ist die ganze flammende Gottesliebe, die ihr in der Unio mystica geschenkt wird und die sie weitergeben kann und soll. Teresa ist gegenüber dem dreißig Jahre jüngeren Pater zugleich Liebende, Mutter und »gehorsame Tochter«. Alle Rollen eines weiblichen Lebens erfüllen sich hier – und erfüllen sich nicht. Denn der Pater – wie sollte er auch anders – scheint dieses Übermaß eher zu fliehen als zu suchen. Am Ende steht für Teresa Kreuzeseinsamkeit. Kam schon das äußere Lebenskreuz aus dem geistlichen Bereich ihres Ordens, so das innere Seelenkreuz aus dem Quellpunkt der Gottesliebe selbst. In der Fülle der Unio mystica erglüht ihr Eros, ihre »Bereitschaft, einem Menschen zu folgen in allen seinen möglichen Entfaltungen«[14]. Aber diese Bereitschaft wird für sie zum Kreuz, das nach ihren eigenen Worten entsprechend dem Maß der Liebe zugemessen wird[15]. Auf die dunkle Einsamkeit der letzten Lebenswochen folgt dann das Aufleuchten im Verlöschen, der selige Tod in Alba de Tormes. Hier bettet man sie zur letzten Unruhe, denn noch zweimal muß ihr heiliger Leib zwischen Alba und Avila hin- und herreisen.

Auch der Pater Gracián hat es nicht so leicht im Leben, wie es zunächst den Anschein hat. Schon die fünf Jahre des »Sturmes« im Orden waren schwer für ihn, wenn auch am Ende 1581 die glanzvolle Anerkennung steht, eine Krönung des Werkes der Mutter Teresa.

Zum Glück erlebt sie dann nicht mehr, wie im eigenen Orden das Intrigenspiel gegen den kindlich-strengen Mann einsetzt, dem er ohne ihren Schutz nicht gewachsen ist. Nach vielen Leiden und Strapazen stirbt er dann in Brüssel[16], gottlob und freilich im Rufe der Heiligkeit.

Auch Teresa starb ja in diesem »Wohlgeruche«. So manches möchte man hier lieber übergehen, sogar den einst ihr eigenen Finger, den die Türken dem Pater wegnahmen und den er gegen Gold und Edelsteine zurückkaufen mußte[17].

Einer nachdrücklichen Erwähnung bedürfen dagegen die berühmten Bilder und Gleichnisse der Heiligen Teresa, die ihrem mystischen Werk einen besonderen und auch literarischen Reiz geben. Burg und Biene, Wasser und Blume, Raupe und Schmetterling zeigen archetypisch ihre Ewigkeit bergende Symbolik. Hier zum »Porträt« verdichtet, illustrieren sie einerseits den Gebetsweg und zeigen andererseits oder darüber hinaus, mit welcher Souveränität die Heilige alle Register sprachlichen Ausdrucks zu ziehen weiß, wenn es darum geht, innere Erfahrungen einsichtig zu machen und zu objektivieren. Die Empirikerin der Innerlichkeit hat sich mit ihrem reifsten Werk, den »Wohnungen der inneren Burg« ein Instrumentarium von mystagogischem und literarischem Rang geschaffen.

Über ihre sprachliche Gestaltungskraft schreibt Fray Luis de León, der als einer der größten spanischen Dichter weiß Gott etwas davon versteht:

> *»In der Bedeutung ihrer Gegenstände wie in der Feinheit und Klarheit ihrer Aussage übertrifft sie viele berühmte Schriftsteller. Ja, ich frage mich, ob es in unserer Sprache Werke gibt, die es dem ihren gleichtun hinsichtlich der Sprachgebung, der Leichtigkeit und Klarheit ihres Stils, der Anmut ihrer wohlgesetzten Worte, der ungekünstelten Eleganz, die aufs äußerste entzückt. Immer, wenn ich in diesen Büchern lese, verwundere ich mich aufs Neue und oft scheint es mir, als vernähme ich hier mehr als nur den Geist eines Menschen: Ich halte es für sicher, daß an vielen Stellen der Heilige Geist aus ihr spricht, der ihr Hand und Feder führte. Das wird offenbar an dem Licht, mit dem sie Dunkles erhellt und durch das Feuer, das sie mit ihren Worten im Herzen des Lesers entzündet.«*

Ja, selbst wenn die Heilige Teresa »gelegentlich den Satz nicht beendet, sondern ihn durch eingeschobene Sätze oder Satzteile unterbricht und verändert«, tut sie das mit so viel Geschick, daß Fray Luis sich an die berühmten »Schönheitspflästerchen« erinnert fühlt[18].

Fast immer waren die Niederschriften durch ihre Beichtväter angeregt: Das »Leben«, der »Weg der Vollkommenheit« und die »Berichte« über die inneren Gebetserfahrungen durch ihre dominikanischen Freunde Báñez und Ibáñez, die »Innere Burg« (ihr Hauptwerk!) und die »Klostergründungen« durch den Pater Gracián. Besonders persönlichen Ausdruck findet die Heilige in den »Rufen der Seele« und in den »Meditationen über das Hohe Lied«, erfrischend wirken die »Klostergründungen« mit ihren oft drastischen Schilderungen. Am persönlichsten aber, am ungeschminktesten offenbart Teresa ihre Persönlichkeit in den Briefen, die ein Drittel des umfangreichen Gesamtwerks ausmachen. Eine neugierige Nachwelt hat sie beim Schreiben nicht vermutet. Wohl aber eine neugierige Mitwelt, weshalb sie wichtige, mit Affekten verbundene Namen verschlüsselt, auch ihren eigenen und sogar – welch Zeichen der Vertrautheit! – den Jesu Christi. Wegen der sehr persönlichen Bezüge erscheinen diese Briefe noch nicht in der Erstausgabe der Werke, ebensowenig wie die »Klostergründungen«.

Auch die Gedichte wurden erst mit der Zeit gesammelt und gesichtet: eine schwierige Aufgabe, denn das meiste war unsignierte Gelegenheitsdichtung: Teresa liebte es, Feste und Erholung mit Musik und Gesang zu begleiten. Sie griff dann gern selbst zum Tambourin, mag sich in Tanzschritten gewiegt haben, während ihre Nonnen nach Castagnettenart mit den Fingern schnalzten[19]. Aber einige dieser Gedichte kommen auch aus tiefem mystischem Erleben und haben wie die des Johannes vom Kreuz (die sie nicht kannte!) ihren Rang in der Weltliteratur.

Es sollte dem heutigen Leser mit Teresa von Avilas Werk ergehen wie einst dem Fray Luis de León, der hier zum letzten Mal und abschließend zu Worte kommen soll:

> *»Ich habe die Mutter Teresa zu ihren Lebzeiten weder gesehen noch kennengelernt. Nun aber, da sie im Himmel weilt, erkenne ich sie in zwei lebensvollen Porträts,*

*die sie hinterließ: ihre Töchter und ihre Bücher. (...) Ich möchte meine Kompetenzen bei der Herausgabe des Werkes nicht überschreiten. Doch so viel ich urteilen und hoffen kann, wird seine Lektüre allen Menschen von Nutzen sein.«*[20]

Seit dem berühmten Vorwort des Fray Luis stellen die Maler die Heilige Teresa von Avila mit der Schreibfeder in der Hand dar, von der Taube des Heiligen Geistes Inspiration empfangend[21].

Hamburg, den 28. März 1982 *Erika Lorenz*

[1] Vgl. J. Sudbrack, Erfahrung einer Liebe, Herder, Freiburg 1979, S. 48 f. Gertrude und Thomas Sartory, Benedikt von Nursia, Herderbücherei 884, Freiburg 1981, S. 43 f.

[2] Das (leicht gekürzte) Vorwort des Fray Luis findet sich als deutsche Erstübersetzung in: Erika Lorenz, Teresa von Avila. Profile Christlicher Spiritualität. Novalis-Verlag, Schaffhausen (Schweiz) 1982. Es erscheint desgl. als Aufsatz »Die Töchter und die Bücher« in der Festschrift der Unbeschuhten Karmelitinnen und Karmeliten »Teresa de Jesús: Weisheit der Liebe«. Christliche Innerlichkeit, Mariazell (Österreich) 1982.

[3] Vgl. Das Leben der hl. Theresia von Jesu, Kösel-Verlag, München [3]1960, S. 164.

[4] Die Töchter und die Bücher, a. a. O.

[5] Die deutsche Erstübersetzung der berühmten Apología de los Libros de Santa Teresa de Jesús findet sich ungekürzt in: Erika Lorenz, Teresa von Avila, a. a. O. Desgl. in der Festschrift der Beschuhten Karmeliten »Der Weg zum Quell«, Patmos-Verlag 1982, Titel »Eine Lanze für Teresa«, mit einem erläuternden Aufsatz.

[6] Der Dominikaner Francisco de Vitoria (1492–1546) beeinflußt entscheidend die epochalen Amerika-Gesetze Karls V., und wirkt auf Hugo Grotius (1583–1645).

[7] Vgl. Joachim Smet und Ulrich Dobhan, Die Karmeliten, Herder, Freiburg 1981.

[8] Osunas berühmtes »Tercer Abecedario Espiritual«, in deutscher Erstübersetzung von Erika Lorenz unter dem Titel »Francisco de Osuna: Versenkung. Weg und Weisung des kontemplativen Gebetes«, Reihe Texte zum Nachdenken, Herderbücherei 938, Freiburg 1982.

[9] Vgl. Libro de Fundaciones (Klostergründungen) 29, 30–33.

[10] Ebda. 23, 7.

[11] Vgl. Marcelle Auclair, La Vie de Sainte Thérèse d'Avila, Paris 1950, S. 290.

[12] Epistolario, Brief an M. Inés de Jesús vom 12. Mai 1575.

[13] Ebda., Brief an M. Maria de José vom 13. Oktober 1576.

[14] Vgl. J. Bours, der hier Max Frisch zitiert, in »Leidenschaft für Gott«, Herder, Freiburg 1981, S. 45 f. Eros, Passio, Amor S. 56.

[15] Siehe Kapitel »Mein Geliebter ist mein«.

[16] Vgl. Auclair a. a. O., S. 479.

[17] Ebda. S. 474. Die Selbstaussage Graciáns wurde der Biographie des P. Francisco de Libera entnommen: Vida de la Madre Teresa de Jesús, Salamanca 1590.

[18] Die Töchter und die Bücher, a. a. O.

[19] Vgl. P. Ambrosios a Santa Teresa OCD in »Weg der Vollkommenheit«, Kösel-Verlag Band I, Leben a. a. O., S. 17.

[20] a. a. O.

[21] Hier seien genannt: Velázquez, Ribera, Rubensschule, Carreño, Arco.

# ICH BIN EIN WEIB UND OBENDREIN KEIN GUTES

Demut ist die Grundlage geistlichen Wachstums. Der heiligste Mensch hat sie am nötigsten, denn je höher ein Baum wächst, oder je mächtiger ein Haus ist, um so tiefer müssen die Wurzeln oder die Baugrube sein. Daher kommt es, daß du bei genauem Hinsehen erkennst, daß die Heiligsten auch die Demütigsten waren.

*(Francisco de Osuna S. 103)*

# SELBSTERKENNTNIS – SELBSTVERSTÄNDNIS

Wenn ich auch weiß, daß niemand Freude daran haben wird, wenn ich hier meine Schlechtigkeit ausbreite, möchte ich doch, daß alle, die es lesen, meine Halsstarrigkeit und Undankbarkeit gegenüber den Gnaden, die Gott mir schenkte, verabscheuen. Wäre es mir doch erlaubt zu berichten, wie oft ich in dieser Zeit Gott gegenüber versagte.

Fest an den starken Mastbaum* des Gebets geklammert, fiel ich auf diesem stürmischen Meer des Lebens fast zwanzig Jahre lang von Wellental zu Wellental; und wenn ich mich erhob, so nur, um neu zu fallen. Mein Leben war aller Vollkommenheit fern, weil ich nicht auf läßliche Sünden achtete. Und wenn ich die Todsünden auch fürchtete, doch nicht so, wie ich es hätte sollen, denn ich hielt mich Gefährdungen nicht fern. Ich kann wohl sagen, daß es das unerfreulichste Leben war, das man sich vorstellen kann. Denn weder Gott noch die Welt machten mich glücklich. Mitten im weltlichen Vergnügen fiel mir ein, was ich Gott schuldete und betrübte mich; war ich innerlich bei Gott, so beunruhigten mich die weltlichen Neigungen. Ich weiß nicht, wie ich einen derart mühsamen Krieg länger als einen Monat, ja sogar viele Jahre aushalten konnte.

All dieses läßt mich klar die Barmherzigkeit erkennen, die mir der Herr erwies, da ich trotz des vielen weltlichen Umgangs doch die Kühnheit zum Gebet besaß. Ich sage Kühnheit, denn ich kann mir nicht vorstellen, daß man sie mehr braucht, als wenn man seinen König ständig verrät

* Wörtlich: an die starke Säule.

und weiß, daß er es weiß und man doch immer wieder vor ihm erscheint.

Es ist wahr, daß ich in diesen Jahren mehrere Monate lang, vielleicht sogar ein ganzes Jahr mich hütete, den Herrn zu kränken, und mich sehr dem Gebet ergab. Ja, ich gab mir wirklich Mühe, ihn nicht zu beleidigen. Ich sage das, weil ich hier die Wahrheit niederschreiben will. Aber ich erinnere mich doch, wie wenige solcher guten Tage ich hatte im Vergleich zu den vielen schlechten. Doch verbrachte ich täglich lange Zeit im Gebet, außer ich war schwer krank oder sehr beschäftigt. Krank war ich Gott näher. Ich versuchte dann auch, die Menschen meiner Umgebung für ihn zu gewinnen und bat den Herrn für sie. Ich sprach viel von ihm.

So vergingen 28 Jahre – das eine Jahr, das ich erwähnte, ausgenommen – seit ich mit dem inneren Gebet begonnen hatte*. Und mehr als 18 Jahre lag ich in dem Kampf und Widerstreit, zugleich Gott und der Welt dienen zu wollen. In den übrigen Jahren führte ich inneren Krieg aus anderen, wenn auch nicht geringeren Ursachen. Seit ich aber, wie ich meine, wirklich im Dienste Gottes stand und die Eitelkeit der Welt durchschaute, ist mir alles leicht geworden, wie ich noch berichten will. (V 8, 2–3)

*

Ich helfe mir manchmal, indem ich allerlei Ungereimtes rede. Das geschieht besonders, wenn ich Gnaden von Gott empfangen habe. Ich sage dann: Herr, sieh doch was Du tust, und vergiß nicht so rasch all meine großen Übel. Es ist ja gut, daß Du sie vergessen hast, um sie mir zu verzeihen. Um aber Deinen Gnaden ein Maß zu setzen bitte ich Dich, daß Du Dich daran erinnern mögest. Fülle doch, Du mein Schöpfer, keine so kostbare Flüssigkeit in solch zerbrechliches Gefäß! Du hast doch gesehen, daß ich sie immer wieder verschütte. Vertrau einen solchen Schatz nicht jeman-

* Vgl. Kapitel »Umgang mit dem Freunde«.

dem an, der ihn vergeuden wird, weil er noch nicht lernte, auf oberflächliche Befriedigungen des Lebens zu verzichten. Du kannst doch auch die Sicherheit einer Stadt und die Schlüssel zu ihrer Festung nicht einem feigen Bürgermeister anvertrauen, der schon beim ersten Ansturm den Feind einläßt.

O ewiger König, mäßige Deine Liebe! Gefährde nicht so kostbare Juwelen! Es könnte sein, mein Herr, daß man sie schlecht behütet, wenn Du sie einem so schlechten, niedrigen, elenden und geringfügigen Ding anvertraust. Ich würde mich zwar bemühen, sie mit Deiner so bitternotwendigen Hilfe nicht zu verlieren, aber ich kann auch keinem damit nützen. Kurz, ich bin ein Weib – und obendrein kein gutes, sondern ein schlechtes.

So und ähnlich redete ich oft. Erst später sah ich meine Torheit und geringe Demut, denn der Herr weiß sehr gut, was notwendig ist, und daß meine Seele nicht fähig wäre, sich zu retten, versähe sie seine Majestät nicht mit so vielen Gnaden. (V 18, 4–5)

*

Die Seele war mir schon müde geworden, aber mein oberflächliches Leben ließ sie nicht zur Ruhe kommen. Da geschah es, als ich eines Tages das Oratorium betrat, daß ich ein Bildnis erblickte, das man in Erwartung eines bestimmten Festes schon dorthin gebracht hatte. Es war ein wundenbedeckter Christus, so ausdrucksvoll und ergreifend, daß mir sein Anblick die Seele erschütterte, denn man sah, was er für uns gelitten hatte. Ich empfand den Schmerz seiner Wunden derart, daß es mir fast das Herz brach. Da warf ich mich tränenüberströmt vor ihm nieder und flehte ihn an, daß er mir Kraft gebe, ihn nie mehr zu verletzen.

Ich verehrte schon immer die Heilige Maria Magdalena und hatte oft über ihre Bekehrung nachgedacht, besonders bei der Kommunion. Ich stellte mir dann vor, daß ja nun gewiß der Herr in mir sei, und so warf ich mich ihm innerlich zu Füßen in der Meinung, er könne meine Tränen nicht von sich weisen.

Aber dieses eine Mal, von dem ich erzählte, vor diesem Bild, schien mir die innere Wirkung größer zu sein, denn ich setzte mein Vertrauen nicht mehr in mich, sondern in Gott. Ich glaube allerdings, ich sagte ihm, ich würde mich nicht wieder erheben, wenn er mein Flehen nicht erhöre. Und ich bin sicher, daß mir das half, denn von diesem Augenblick an ging es rasch aufwärts mit mir.

Damals (1554) gab man mir die »Bekenntnisse« des Augustinus zu lesen. Und es scheint, als habe der Herr es so gefügt, denn ich habe mich in keiner Weise bemüht, dieses Buch, das ich nie sah, zu erhalten. Allerdings bin ich eine große Verehrerin des Heiligen Augustinus, da ich ja, als ich noch im Laienstand war, eine Zeit in einem seiner Klöster verbrachte. Zudem war er ein Sünder gewesen, und der Gedanke an Heilige, die Gott trotz ihrer Sünden an sich zog, tröstete mich sehr, denn ich dachte, sie könnten mir helfen, und daß der Herr, der ihnen verziehen hatte, auch mir verzeihen würde. Eines allerdings betrübte mich, nämlich daß bei ihnen ein einziger Ruf des Herrn genügt hatte, damit sie nicht mehr fehlten, während mich der Herr immer wieder rufen mußte. Wenn ich dann aber die Liebe betrachtete, die er mir erwiesen hatte, faßte ich Mut, denn an seiner Barmherzigkeit zweifelte ich nie, an mir dagegen häufig.

Als ich nun begann, die »Bekenntnisse« zu lesen, meinte ich mich selbst darin zu erblicken, weshalb ich diesen großen Heiligen sehr um seine Hilfe bat, und als ich an die Schilderung seiner Bekehrung gelangte und las, wie er im Garten jene Stimme vernahm, da meinte ich, diese Stimme des Herrn erklinge auch mir in meinem Herzen. Ich war lange Zeit ganz in Tränen aufgelöst und außer mir vor Schmerz über mich selbst. Gepriesen sei Gott, der mich lebendig Tote ins wirkliche Leben rief. (V 9, 1–3, 6–8)

*

Es ist sehr notwendig, einen erfahrenen Meister zu haben, der die Seele zu führen versteht. Denn mit ihrem Fortschreiten macht sie Erfahrungen, über die sie sich besprechen muß. Wenn sie aber keinen Meister findet, so wird der Herr ihr helfen, so wie er auch mir nicht gefehlt hat, obwohl ich die bin, die ich bin. Denn ich glaube, es gibt nur wenige Seelenführer, die große Erfahrung in diesen Dingen haben. Ohne diese Erfahrung aber sollten sie lieber nicht beunruhigen und betrüben. Wenn auch der Herr solche Betrübnis der Seele anrechnet, ist es doch besser, über die Erfahrungen zu sprechen, wie ich schon sagte und jetzt noch einmal wiederhole, da es sehr wichtig ist, besonders, wenn es sich um Frauen handelt.

Es sind nämlich viel häufiger die Frauen als die Männer, denen der Herr seine Gnade mitteilt. Ich habe das selbst beobachtet und hörte es auch den Heiligen Fray Pedro de Alcántara sagen, daß Frauen auf diesem inneren Weg weiter kommen als Männer. Und er gab dafür ausgezeichnete Gründe an, die ich hier nicht aufzählen kann, alle zugunsten der Frauen.

Einmal, als ich ins Gebet versenkt war, verstand ich in einem Augenblick, ohne etwas Bestimmtes zu sehen – aber es war eine ganz klare Erkenntnis –, daß man in Gott alle Dinge schaut, weil er alle in sich enthält. Ich kann das nicht beschreiben, aber es blieb tief in meine Seele eingeprägt. Es war eine der großen Gnaden, die ich vom Herrn empfing, und die mich beschämen, wenn ich an meine Sünden denke. Ich könnte die Gottheit einem ganz klaren Diamanten vergleichen, viel größer als die ganze Welt, und daß man wie in einem Spiegel all unser Tun in diesem Diamanten erblickt, da er alles umschließt; denn es gibt nichts, was seine Größte übersteigt. Es schien mir unfaßlich, alle Dinge in diesem lichten Diamanten zusammenzusehen, und es schmerzte mich daran zu denken, daß auch so häßliche Dinge wie meine Sünden sich in dieser klaren Reinheit spiegelten. (V 40, 8–10)

*

Herr meiner Seele! Als Du noch in dieser Welt wandeltest, hast Du den Frauen immer Deine besondere Zuneigung bewiesen. Fandest Du doch in ihnen nicht weniger Liebe und mehr Glauben als bei den Männern. Auch befand sich ja unter ihnen Deine Heilige Mutter, deren Verdienste uns zukommen und deren Habit wir tragen. Die Welt irrt, wenn sie von uns verlangt, daß wir nicht öffentlich für Dich wirken dürfen, noch Wahrheiten aussprechen, um derentwillen wir im Geheimen weinen, und daß Du, Herr, unsere gerechten Bitten nicht erhören würdest. Ich glaube das nicht, Herr, denn ich kenne Deine Güte und Gerechtigkeit, der Du kein Richter bist wie die Richter dieser Welt, die als Söhne Adams, kurz, als Männer jede gute Fähigkeit bei einer Frau verdächtigen. Ich weiß, mein König, daß der Tag kommen wird, da man einander erkennt. Ich spreche hier nicht für mich selbst, denn die Welt kennt meine Schlechtigkeit, und das ist mir lieb. Aber ich halte es in diesen Zeiten für unrecht, wenn man starke und zum Guten begabte Geister zurückstößt, nur weil es sich um Frauen handelt. (CE 4,1)

*

(An den Ordensgeneral P. Rubeo):

Bedenken Sie doch bitte, Wohlerwürden, daß es Sache der Kinder ist, Fehler zu machen, und Sache der Eltern, das zu verzeihen und zu vergessen. Bei der Liebe unseres Herrn bitte ich Sie, Milde walten zu lassen. Verstehen Sie doch, daß das aus verschiedenen Gründen richtig sein kann, die Sie nicht kennen, die aber mir, die ich hier am Orte bin, vertraut sind. Und wenn wir Frauenspersonen uns auch zum Ratgeben nicht eignen, treffen wir doch manchmal das Rechte. Im Angesichte Gottes werden Euer Wohlehrwürden dereinst erkennen, wieviel Sie mir verdanken. Teresa de Jesús. (Cta 99, 7.9 u. 19 Sevilla, Ende Januar 1576)

*

Es ist kein kleines Kreuz, seinen Verstand dem zu unterwerfen, der keinen hat. Ich habe das nie vermocht, und es scheint mir auch nicht richtig zu sein. (V 13, 19)

*

Richten wir den Blick auf eigene Fehler und nicht auf die anderer; es ist immer eine Gefahr sehr rechtschaffener Personen, daß sie an allem Anstoß nehmen. Dabei könnten wir oft in wichtigen Dingen viel von dem lernen, über den wir uns aufhalten, mögen wir ihm auch in Haltung und Umgangsformen überlegen sein. Vor allem dürfen wir nicht alle zu unserem Weg bekehren wollen und sie geistlich unterweisen, obwohl wir selbst vielleicht noch gar nicht wissen, wovon wir sprechen. Gott gibt uns den Wunsch ein, meine Schwestern, zum Heile der Seelen wirken zu wollen, aber wir können dabei große Fehler machen. Halten wir uns darum an das, was unsere Ordensregel sagt: »Man soll sich stets bemühen, in Hoffnung und Schweigen zu leben.« Der Herr wird Sorge tragen für seine Seelen. Wenn wir nicht nachlassen für sie zu beten, können wir viel für sie tun. Seine Majestät sei gelobt in Ewigkeit. (3 M 2, 13)

*

Ich kenne eine Nonne (Teresa selbst), die viele Jahre in großer Furcht lebte und die nichts beruhigen konnte, bis der Herr sie einige Verse aus dem Hohen Lied hören ließ, woran sie erkannte, daß sie sich auf gutem Wege befand. Sie sah, daß es keine Täuschung ist, wenn die in ihren Bräutigam verliebte Seele alle diese Beglückungen und Ohnmachten und Tode und Traurigkeiten und Seligkeiten und Freuden durch ihn erfährt, sofern sie sich um seiner Liebe willen von allem Weltlichen löst und sich ganz in seine Hand gibt. Und nicht mit schönen Worten, wie man das bei einigen findet, sondern mit der wahren Wirklichkeit ihres Handelns. (MC 1, 1–2, 6)

*

(Die »Wohnungen der inneren Burg«):

Weil ich weder wußte, wie das mir aufgetragene Werk beginnen, noch überhaupt, was ich sagen sollte, bat ich inständig unseren Herrn, daß *er* durch mich sprechen möge. Da fiel mir ein guter Ausgangspunkt ein, nämlich daß wir uns die Seele vorstellen als eine kristallene oder diamantene Burg mit vielen Wohnungen, so wie ja auch der Himmel viele Wohnungen hat. Recht betrachtet, liebe Schwestern, ist ja auch die Seele im Gnadenstand nichts anderes als ein Paradies, in dem der Herr, wie er selbst sagte, seine Freude hat. Wie meint ihr wohl, muß eine Wohnung beschaffen sein, an der ein so mächtiger, weiser, reiner und alles Gute in Fülle besitzender König sich erfreut? Ich finde nichts, womit ich die große Schönheit und Weite der Seele vergleichen könnte, reicht doch auch unser noch so scharfer Verstand nicht aus, sie zu begreifen – so wie ja auch Gott unerkennbar ist. Sagte er doch, daß er uns schuf nach seinem Bild und Gleichnis.

Es wäre aber kein geringer Schaden und höchst bedauerlich, wenn wir versäumten, uns selbst zu erkennen und nicht wüßten, wer wir sind. Was sollte man denn von jemandem halten, meine Töchter, der befragt nicht angeben könnte, wer sein Vater und seine Mutter sind und aus welcher Heimat er kommt? Wenn das schon menschenunwürdig wäre, wieviel mehr dann unsere Einstellung, wenn wir uns nicht um Selbsterkenntnis bemühen, sondern einzig an unserem leiblichen Wohl interessiert sind; wenn wir nur vom Hörensagen und durch die Übereinkunft des Glaubens wüßten, daß wir eine Seele haben, so daß uns weder ihr Wert bewußt ist, noch WEN sie im Innersten birgt. – Erinnern wir uns also der vielen Wohnungen dieser Burg, einige oben, einige unten, andere seitlich. Ganz in der Mitte aber, in ihrem Zentrum liegt die Wohnung, auf die alles ankommt, und wo höchst geheimnisvolle Dinge zwischen Gott und der Seele geschehen. Dieses Gleichnis müßt ihr euch gut merken. (1 M 1, 1–3)

# DIE BIENE DEMUT

Geht in euch, meine Töchter, tretet ein in euer Herz, bringt eure guten Werke voran; ihr müßt sie ja als gute Christen tun, und noch viel mehr; und seid zufrieden, Vasallen Gottes zu sein. Verlangt nicht zu viel, sonst bleibt ihr mit leeren Händen zurück. Seht auf die Heiligen, die in das Gemach des Königs eintraten und erkennt den Abstand zwischen ihnen und euch. O Demut, Demut! Ich kann der Versuchung nicht widerstehen zu glauben, daß, wer zuviel hermacht von seinen »Trockenheiten«, damit einen Mangel an Demut beweist. (3 M 1, 5–6)

*

Es ist wichtig, daß man eine Seele in ihrem Gebetsleben weder einenge noch bedränge. Sie muß alle Wohnungen (der inneren Burg) frei durchschreiten können, nach oben und nach unten und nach allen Seiten. Angesichts der großen Würde, die Gott ihr verliehen hat, darf man sie nicht zwingen, lang in einem Raume zu verweilen, und sei es auch in dem der Selbsterkenntnis. Diese, man verstehe mich recht, ist allerdings so wichtig, daß wir niemals, auch nicht im höchsten Entwicklungsstadium auf sie verzichten können. Sogar jene haben sie noch nötig, die der Herr schon in sein innerstes Gemach eingelassen hat. Die Demut gleicht der Biene, die im Bienenstock den Honig bereitet; ohne sie ist alles verloren. Aber vergessen wir nicht, daß die Biene auch ausschwärmt, um Blüten zu suchen. So soll sich auch die Seele immer wieder von der Selbsterkenntnis zur Betrachtung der Größe und Majestät Gottes erheben.
(1 M 2, 8)

*

Wenn man zu beten beginnt, fliegen die Bienen zu ihrem Korb und kommen hinein, um darin den Honig zu bereiten. (CV 28, 7)

*

Ich dachte einmal darüber nach, warum wohl unser Herr die Demut so liebe. Da kam mir – ganz plötzlich und ungewollt – dieser Gedanke: Gott ist die höchste Wahrheit, und Demut ist Wandeln in der Wahrheit. Denn es bedeutet viel zu erkennen, daß wir aus uns selbst nichts Gutes haben, sondern Elend und Nichts sind. Und wer das nicht versteht, wandelt in der Unwahrheit. Je mehr es aber jemand versteht, um so besser weiß er der höchsten Wahrheit zu entsprechen, denn er bewegt sich ja in ihr. Wollte Gott, meine Schwestern, daß wir aus dieser wichtigen Einsicht und Erkenntnis unserer selbst nie herausfallen. (6 M 10, 8)

*

Richtet eure Augen auf den Gekreuzigten, und alles wird euch leicht werden. Wenn seine Majestät uns seine Liebe in so furchtbarem Einsatz und Leiden bewies, wie wollt ihr ihn dann mit bloßen Worten abspeisen? Wißt ihr, was es heißt, ein wahrhaft geistliches Leben zu führen? Es heißt sich zu Sklaven Gottes zu machen, gezeichnet mit dem glühenden Eisen des Kreuzes. So ganz ihm übereignet, kann er sie als Sklaven der ganzen Welt verkaufen, nicht anders, als er es mit sich selber tat. Er tut ihnen damit kein Unrecht, sondern erweist ihnen eine nicht geringe Gnade. Wer sich dazu nicht entschließt, braucht keinen Fortschritt zu fürchten, denn, wie ich schon sagte, Demut ist das Fundament des ganzen Gebäudes. Wo sie fehlt, wird der Herr zu eurer eigenen Schonung nichts Hohes aufbauen, weil sonst alles zusammenbricht. Legt also, meine Schwestern, ein gutes Fundament, indem ihr die Geringsten und Sklavinnen aller sein wollt. Gebt acht, wo und wann immer ihr Gefallen erweisen und dienen könnt. Denn was ihr in solcher Weise tut, das tut ihr in erster Linie für euch selbst, da ihr feste Grundsteine setzt, auf daß euer Schloß nicht einstürze.

Ich wiederhole: Ihr könnt euer Fundament nicht durch Gebet und Kontemplation allein bauen. Wenn ihr euch nicht um den Erwerb von Tugenden und ihre Einübung bemüht, werdet ihr immer Zwerginnen bleiben. Selbst wenn Gott euch nur im Nichtmehrwachsen beläßt, müßt ihr doch wissen, daß schrumpft, wer nicht wächst. Denn ich meine, daß es der Liebe nicht möglich ist, irgendwo stehenzubleiben. (7 M 4, 9–10)

*

Demut und Selbstverleugnung sind Schwestern, die man nicht trennen sollte. Mit ihnen kann man gegen die Welt und ihre Fallstricke, ja gegen die ganze Hölle zum Kampfe antreten. Dennoch ist es wahr, daß niemand, der diese Tugenden besitzt, das weiß. Sie verbergen sich ihm derart, daß, selbst wenn man ihn auf ihren Besitz aufmerksam machte, er es nicht glauben würde. Er meint, keine dieser Tugenden zu besitzen. Doch schätzt er sie so sehr, daß er sich ständig um sie bemüht, und so wird er, ohne es zu wissen, in ihnen immer vollkommener. (CV 10, 3)

*

Es gibt Leute, die schon durch die Worte »Visionen« oder »Offenbarungen« in Schrecken versetzt werden. Ich verstehe nicht, warum sie einen Weg, den Gott die Seele führt, für so gefährlich halten, und was sie daran so entsetzt. Ich kenne eine Person (Teresa), der ihre Beichtväter wegen solcher Dinge gewaltig zusetzten, obwohl sich hinterher an den großen Wirkungen und guten Werken zeigte, daß diese Visionen von Gott kamen; es fiel ihr schwer, daß sie sich um eine Erscheinung Christi nicht kümmern und sich bekreuzigen sollte. Als sie sich später mit einem berühmten thomistischen Gelehrten, dem Magister Fray Domingo Báñez O.P. darüber unterhielt, meinte dieser auch, das sei eine schlechte Anweisung, der man nicht folgen solle. Denn wo und wie auch immer wir das Bild unseres Herrn erblicken, sollten wir es verehren, selbst wenn der Teufel es gemalt hat, der ein großer Maler ist. Er schafft ja Gutes, wenn er auch das Schlechte will, indem er uns den Gekreuzigten oder ein anderes Christusbild so lebendig vorstellt, daß es sich unserem Herzen tief einprägt. – Diese Beweisführung gefiel mir sehr, da wir ja auch sonst im Leben ein gutes Bild schätzen, obwohl wir wissen, daß der Maler ein schlechter Mensch ist. Der Nutzen oder Schaden einer Vision liegt also im Betrachter. Ist er ohne Demut, so wird sie ihm schaden; hat er aber Demut, wird ihn die Vision innerlich fördern, auch wenn sie vom Teufel kommt. Umgekehrt wird auch Gott seine Vision vergeblich senden, wenn der Mensch ihr undemütig begegnet. Wenn er nämlich nicht sieht, daß er solche Gnaden nicht verdient, sondern sich gar etwas darauf einbildet, gleicht er einer Spinne, die alles, was sie aufnimmt, in Gift verwandelt, während der demütige Mensch der Biene gleich ist, die alles zu Honig macht. (F 8, 1–3)

## TERESA VON AVILA
## GOTT SPRICHT:

*O Seele, suche dich in Mir,*
*und, Seele, suche Mich in dir.*

Die Liebe hat in Meinem Wesen
dich abgebildet treu und klar:
kein Maler läßt so wunderbar,
o Seele, deine Züge lesen.
Hat doch die Liebe dich erkoren
als meines Herzens schönste Zier:
bist du verirrt, bist du verloren,
*o Seele, suche dich in Mir.*

In meines Herzen Tiefe trage
Ich dein Porträt, so echt gemalt;
sähst du, wie es vor Leben strahlt,
verstummte jede bange Frage.
Und wenn dein Sehnen Mich nicht findet
dann such' nicht dort und such' nicht hier:
gedenk, was dich im Tiefsten bindet,
*und, Seele, suche Mich in dir.*

Du bist mein Haus und meine Bleibe,
bist meine Heimat für und für:
Ich klopfe stets an deine Tür,
daß dich kein Trachten von Mir treibe.
Und meinst du, Ich sei fern von hier,
dann ruf Mich, und du wirst erfassen,
daß Ich dich keinen Schritt verlassen:
*und, Seele, suche Mich in dir.*

(P. Alma, buscarte has en Mí)

# UMGANG MIT DEM FREUNDE

Man muß wissen, daß Freundschaft und Verbindung mit Gott in diesem Erdenleben möglich sind. Ich meine hier jene Verbindung, die Menschen suchen, die sich um Gebet und Andacht bemühen. Sie ist realer als alle Dinge dieser Welt und so beglükkend, daß nichts ihrem Wert gleichkommt.

*(Francisco de Osuna, S. 83f.)*

# LEBENDIGES WASSER

Ich möchte ein Gleichnis benutzen, wenn ich auch nicht mehr weiß, woher ich es habe. Wer mit dem geistlichen Leben beginnt, ist wie jemand, der einen Garten anlegen will, damit sich der Herr darin gern ergehe. Sein Grundstück ist wild und voller Unkraut. Seine Majestät selbst rodet es und setzt schöne Pflanzen ein. Dann aber müssen wir uns bemühen, mit der Hilfe Gottes selbst gute Gärtner zu werden, und die Pflanzen regelmäßig begießen, damit sie nicht vertrocknen, sondern wachsen, blühen und herrlich duften, damit sich unser Herr daran erfreue. So wird er denn oft in diesen Garten kommen und sich zwischen den Blumen der Tugend ergehen.

Überlegen wir nun, wie wir den Garten bewässern können. Ich meine, da gibt es vier Arten: Erstens kann man das Wasser in einem Gefäß selbst aus dem Brunnen emporziehen, was eine große Mühe ist. Zweitens kann man sich eines Schöpfrades bedienen, wie ich es manchmal tat; das ist schon weniger anstrengend, und man hat mehr Wasser. Drittens kann man es aus einem Fluß oder Bach ableiten; das ist sehr viel wirkungsvoller, denn die Erde wird besser durchtränkt, und man muß nicht zu häufig bewässern, so daß dem Gärtner viel Arbeit abgenommen ist. Viertens, wir müssen überhaupt nichts mehr tun, weil der Herr es kräftig regnen läßt; und das ist unvergleichlich viel besser als alles zuvor Genannte. (V 11, 6–7)

*

Wenn ich innere Vorgänge erklären will, so erscheint mir hierfür kein Bild so geeignet wie das des Wassers. Ungebildet und wenig begabt, wie ich bin, bin ich eine große Freundin dieses Elements, das mir unter den Dingen der Natur am meisten bedeutet. Unser großer und weiser Gott hat ja in alle Dinge, die er schuf, tiefe Geheimnisse gelegt, aus deren Erkenntnis wir lernen können. Allerdings glaube ich, daß letztlich jedes von Gott geschaffene Ding unsere Erkenntnis übersteigt, und handele es sich auch nur um eine kleine Ameise. (4 M 2, 2)

*

Sie (die Seele) ist ein Baum des Lebens, gepflanzt in die lebendigen Wasser, das heißt in Gott. So wie aus einer reinen Quelle auch klare Bäche hervorgehen, so ist es mit den Werken einer Seele im Gnadenstand. Sie sind angenehm in den Augen Gottes und der Menschen, denn sie entspringen dieser Lebensquelle, in die der Baum der Seele gepflanzt ist und der er seine Frische und seine Früchte verdankt.
(1 M 2, 1–2)

*

Ich denke hier an den Vers: »dilatasti cor meum« (Du hast mir das Herz weit gemacht. Ps 118, 32), der zeigt, wie sich die Seele erweitert: Das göttliche Wasser der Quelle, von der ich sprach, steigt auf aus den Tiefen und füllt erweiternd unser Inneres mit unbeschreiblichen Gaben, die größer sind als das Fassungsvermögen unserer Seele. Sie nimmt einen Duft wahr, als würden auf dem inneren Kohlenbecken Räucheressenzen verbrannt. Sie sieht keine Flamme, kennt keine Ursache, aber Wärme und Wohlgeruch durchdringen die ganze Seele, und meist hat auch der Körper daran teil. (4 M 2, 6)

# MAN KANN SICH MIT DIR ÜBER ALLES UNTERHALTEN

Meine Liebe und mein Vertrauen zum Herrn begannen sehr zu wachsen, als er sich mir zu erkennen gab als jemand, der jederzeit zu sprechen ist. Ich sah, daß Gott auch wahrhaft Mensch ist und sich über unsere Schwächen nicht entsetzt, sondern unsere elende, der Erbsünde unterworfene Verfassung von innen her versteht. Darum war er ja zu unserer Erlösung in die Welt gekommen. Man kann mit ihm umgehen wie mit einem Freunde, wie sehr er auch der Herr bleibt. Aber ich habe verstanden, daß er nicht ist wie die Herren dieser Welt, die ihr Ansehen auf erborgten Schein gründen. Und die nur zur Zeit ihrer Audienz angesehene Persönlichkeiten empfangen, so daß irgend ein gewöhnliches und armes Menschlein die größten Mühen und Anstrengungen vollbringen muß, wenn es mit seinem Anliegen zu einem solchen Herrn vordringen will.

O Du mein Herr und Gott! Wir stehen ja schon fassungslos vor Deiner majestätischen Herrlichkeit, aber noch viel fassungsloser macht uns Deine Demut, mein Herr, und die Liebe, mit der Du jemandem wie mir begegnest. Man kann sich mit Dir einfach über alles unterhalten. (V 37, 6)

*

O Herr des Himmels und der Erde, wie ist es möglich, daß wir noch in diesem irdischen Leben Deine ganz persönliche Freundschaft erfahren! (MC 3, 10)

*

Wie man Gott aufnimmt, so gibt er und gibt sich selbst. Wer ihn liebt, den liebt er wieder, und welch ein lieber und guter Freund ist er! (V 22, 17)

*

Ich konnte mir Christus immer nur in seiner Menschheit vorstellen, aber nicht als Gestalt, soviel ich auch darüber las oder Bilder betrachtete. Ich war wie einer, der blind oder im Finstern ist und der mit jemandem zwar spricht und seiner Gegenwart gewiß ist, ihn jedoch nicht sieht. So ging es mir, wenn ich an unseren Herrn dachte. (V 9, 6)

*

Es geschah mir einige Male, wenn es auch nur von kurzer Dauer war, daß ich dieses Bewußtsein der Anwesenheit Christi hatte. Auch beim Lesen überkam mich plötzlich das Gefühl der Gegenwart Gottes so stark, daß ich nicht zweifeln konnte, daß er in mir war und ich ganz versenkt in ihn.

Das war aber keine Vision. Ich glaube, man nennt es »mystische Theologie«. Es ist, als würde dabei die Seele über sich hinausgetragen. Das Gedächtnis scheint gar nicht mehr vorhanden, der Verstand stellt das Denken ein, bleibt aber, wie mir scheint, vorhanden. Ich meine, er wirkt nicht, sondern steht staunend vor dem Übermaß dessen, was ihm zu verstehen gegeben wird. Gott will, daß er verstehe, wie unverstehbar das ist, was seine Majestät ihm vorstellt. (V 10, 1)

*

O Leben, Leben! Wie kannst du weiterleben so fern von deinem Leben? In solcher Einsamkeit, wie erkennst du deine Aufgabe? Was kannst du tun, wenn alle deine Werke doch nur unvollkommen und fehlerhaft sind? Was tröstet dich, du meine Seele, auf diesem stürmischen Meer?

Ich klage über mich selbst und am meisten klage ich über die Zeit, da ich mich selbst nicht beklagte! O Herr, gar lieblich sind Deine Wege, wer aber kann furchtlos auf ihnen wandeln? Ich fürchte, Dir nicht wahrhaft zu dienen, und diene ich Dir, so ist mir nichts genug, um Dir nur ein wenig von dem zurückzugeben, was ich Dir schulde.

Ich möchte ja alles tun, was ich vermag, aber die Betrachtung meiner Armseligkeit läßt mich erkennen, daß ich nichts Gutes tun kann, es sei denn, Du gibst es mir. Wie soll ich mich verhalten, daß ich nicht störend zwischen Dich und Deine großen Gnaden trete? (E 1)

# INNERES GEBET

Über das innere Gebet haben schon viele gute und heilige Männer geschrieben. Ich will mich darum auf die Darlegung meiner eigenen Erfahrung beschränken. Vor allem darf jemand, der es begonnen hat, es nie wieder aufgeben, auch nicht, wenn er in Sünde fiel. Denn es ist das Heilmittel, das ihn wieder aufrichtet, was sonst sehr schwierig sein könnte. Man möge hier Gottes Wort vertrauen und glauben, daß, wenn wir wahre Reue zeigen und entschlossen sind, ihn nicht mehr zu beleidigen, er uns wieder in die alte Freundschaft aufnimmt.

Wer mit der Übung des inneren Gebets noch nicht begonnen hat, den bitte ich bei der Liebe Gottes, sich ein solches Gut doch nicht entgehen zu lassen. Es gibt hier nichts zu fürchten, aber alles zu hoffen. Wer darin beharrlich ist, der wird die Barmherzigkeit Gottes erfahren, der jede Freundschaft erwidert. Denn das innere Gebet ist, so meine ich, nichts anderes als Umgang und vertraute Zwiesprache mit dem Freunde, von dem wir wissen, daß er uns liebt.
(V 8, 5)

*

Ich betete in folgender Weise: da es mir schwer wurde, verstandesmäßig nachzusinnen, bemühte ich mich, mir Christus innerlich vorzustellen, was mir am leichtesten fiel, wenn ich an die Augenblicke seines Lebens dachte, in denen er einsam war. Es kam mir dann vor, als ob er, so allein und betrübt, jemanden brauche, so daß er mich akzeptieren würde. Ja, so einfältig war ich oft. Zum Beispiel stellte ich mir gern das Gebet im Garten von Getsemani vor. Dort war ich bei ihm und blieb so lange, wie es meine umherschweifenden Gedanken gestatteten. Leider hatte ich davon recht viele, was mich quälte.

Bei dieser Art des Betens kann die Seele viel verlieren, weil die Gedanken sich zerstreuen, oder viel gewinnen, weil die Liebe wächst. Aber es ist nicht leicht, dahin zu gelangen. Man kann sich oft besser sammeln mit Hilfe eines Buches. Mir persönlich half es auch, wenn ich die Felder, das Wasser, die Blumen betrachtete. Alles dieses erinnerte mich an den Schöpfer, und so konnte ich mich sammeln wie bei der Lektüre eines Buches und dabei auch meiner Undankbarkeit und meiner Sünden gedenken. Transzendente und erhabene Dinge aber vermochte ich mir niemals vorzustellen, dazu war mein Verstand zu ungeschickt; und ich hätte niemals etwas davon erfahren, wenn der Herr mir diese Dinge nicht gezeigt hätte. (V 9, 4–5)

*

Um nun diesen Weg zu beginnen, den man, wie ich schon sagte, auch verfehlen kann, wollen wir überlegen, wie man die Reise anzutreten hat, denn das ist die Hauptsache, ja, alles hängt davon ab. Auch der noch Unschlüssige möge diesen Weg beginnen, Gott wird ihm dann das Fehlende ergänzen. Schon wenige Schritte geben Licht und Kraft, ihn für andere zu gehen. Wollt ihr gute Verwandte sein, so ist dies der wahre Liebesdienst; gute Freundinnen, so könnt ihr es nur auf diesem Wege werden. Die Wahrheit dringe in eure Herzen wie in eure Betrachtung, und ihr werdet klar die Liebe erkennen, die wir dem Nächsten schulden.
(CV 20, 3–4)

*

Wißt, Töchter, daß sich das innere Gebet nicht dadurch vom mündlichen unterscheidet, daß ihr den Mund schließt. Wenn ich mündlich bete und mir dabei voll bewußt bin, daß ich mit Gott spreche und darauf mehr meine Aufmerksamkeit richte als auf die Worte selbst, so ist das zugleich mündliches und inneres Gebet. Allerdings darf man euch nicht weismachen, daß ihr mit Gott sprecht, wenn ihr beim Vaterunser an die Welt denkt. Hierüber will ich lieber schweigen! Wenn ihr wirklich betet und mit einem so großen Herrn sprecht, müßt ihr wohl bedenken, wer der ist, zu dem ihr redet und wer ihr selber seid. damit ihr euch zumindest als wohlerzogene Geschöpfe zeigt. Denn wie könnt ihr zu einem König ›Hoheit‹ sagen und die Formen beachten, die man im Umgang mit einem Großen beherrschen muß, wenn ihr nicht genau wißt, welchem Stande er im Gegensatz zu euch angehört? Denn dem müssen ja die Umgangsformen entsprechen, die ihr zu kennen habt. Sonst wird man euch als Einfältige fortschicken und ihr erreicht gar nichts. Aber was für Vergleiche bringe ich hier, mein Herr und mein Herrscher! Sind solche Bilder denn passend? Dein Königreich, mein Gott, ist nicht nur verliehen: Herrscher bist Du in alle Ewigkeit.

Ich höre es immer so gern, wenn man im Credo sagt: »Seines Reiches wird kein Ende sein.« Ich will Dich rühmen und preisen, mein Herr, in Ewigkeit! Und einstimmen sollen alle Geschöpfe! Aber niemals, Herr, nie mögest Du zulassen, daß man nur mit dem Munde Dein Loblied singe und das Wort an Dich richte. Was fällt euch ein, ihr Christen? Wie möchte ich meine Stimme erheben und, wie ich nun einmal bin, mit jenen streiten, die das innere Gebet für überflüssig erklären! Freilich verstehe ich, daß ihr gar nichts versteht, da ihr weder wißt, was inneres noch mündliches noch kontemplatives Gebet ist. Denn wüßtest ihr's, so könntet ihr nicht auf der einen Seite verdammen, was ihr auf der anderen lobt.

Ich denke mir das innere und das mündliche Gebet immer zusammen, das sage ich zu eurer Beruhigung, meine Töchter. Ich hatte ja selbst damit allerlei Mühe und Plagen und weiß, wie diese Dinge laufen. Darum bin ich besorgt, daß euch jemand beunruhigen könnte, weil Ängstlichkeit auf diesem Wege schadet. Es ist wichtig, daß ihr euch auskennt, denn einen verirrten Wanderer, der nach dem Weg fragt, schickt man von einem Ende zum anderen. Er geht und sucht und wird müde, verliert Zeit und kommt verspätet an. Wer kann behaupten, es sei schlecht, wenn wir zu Beginn des Stundengebetes oder des Rosenkranzes uns vergegenwärtigen, mit wem wir sprechen wollen, und wer es ist, der zu uns spricht, auf daß wir wissen, wie wir uns ihm gegenüber zu verhalten haben? Ich möchte euch sagen, Schwestern: wenn man nach dem Verständnis dieser beiden Punkte richtig handelte, so würdet ihr vor dem Beginn des mündlichen Gebetes eine ganze Weile im inneren Gebet verharren. (CE 37, 1–2, CV 22, 1–3)

*

Bedenkt also, wenn ihr vor den Herrn tretet, wer der ist, zu dem ihr sprechen wollt oder zu dem ihr sprecht. Tausend Leben würden nicht ausreichen, daß wir begreifen, welche Ehrbezeugungen dieser Herr verdient, vor dem die Engel zittern. Über alles gebietet er, alles vermag er, sein Wollen ist schon Vollbringen. Auf ihn allein muß all meine Aufmerksamkeit gerichtet sein.

Das ist das innere Gebet, meine Töchter. Versteht es doch bitte. Wenn ihr euch darum auch beim mündlichen Gebet bemüht, kann ich euch nur beglückwünschen. Nur sprecht nicht mit Gott und denkt dabei an andere Dinge, denn das hieße, nichts verstanden zu haben. Ich glaube, nun habe ich das Notwendige über das innere Gebet gesagt. Wolle Gott, daß wir danach handeln, Amen. (CV 22, 7)

*

Ich fürchte freilich, das Gebet wird nicht gelingen, wenn wir nicht ständig an unserer inneren Vervollkommnung arbeiten. Sonst wird der König der Herrlichkeit nicht in unsere Seele kommen. O Herr, kommt uns doch aller Schaden daher, daß wir die Augen nicht auf Dich gerichtet halten. Würden wir auf nichts anderes achten als auf den Weg zu Dir, so kämen wir bald ans Ziel. Statt dessen fallen und stolpern wir tausendmal und verirren uns, weil unsere Augen nicht auf den Weg gerichtet sind. Er kann uns so unbekannt erscheinen, als hätten wir ihn nie betreten. Das ist gewiß bedauerlich, aber es kommt vor.

Zugleich können und wollen wir schon den kleinsten Tadel nicht ertragen. Wir sagen dann, wir seien keine Heiligen. Gott bewahre uns, meine Schwestern, daß wir immer gleich, wenn wir uns unvollkommen finden, sagen: »Wir sind keine Engel,« »wir sind keine Heiligen.« Bedenkt, daß – wenn wir es auch nicht sind – wir uns doch darum bemühen sollten. Wenn wir uns anstrengen, reicht uns Gott die Hand. Ihr müßt nicht fürchten, er werde euch im Stich lassen. Und da wir um der Heiligkeit willen hier sind, Hand ans Werk! wie man so sagt. Es darf keinen Wunsch des Herrn geben, den wir nicht mit seiner Hilfe zu erfüllen suchen. Diesen Anspruch stelle ich in diesem Hause, und die Demut wird dabei wachsen: Eine heilige Kühnheit müssen wir haben, denn Gott hilft den Mutigen ohne Ansehen der Person. (CV 16, 2, 7–8).

# ÜBERGANG ZU ANDEREN ARTEN DES BETENS

Ich möchte noch einmal auf das mündliche Gebet zurückkommen, damit uns Gott, auch wenn wir das Wie nicht verstehen, mit ihm zugleich die anderen erwähnten Gebetsarten schenke. Um recht zu beten, müssen wir zunächst unser Gewissen erforschen, uns mit dem Heiligen Kreuz bezeichnen und das »Confiteor« (das Sündenbekenntnis) sprechen. Ihr wißt, das ist für den Beginn unerläßlich. Und seid ihr allein, meine Töchter, so bemüht euch um Gesellschaft: Wer wäre da besser als der Meister selbst, der euch das Gebet lehrte? Vergegenwärtigt euch also den Herrn und seht, mit welcher Demut und Liebe er euch unterweist. Und überhaupt, glaubt mir, solltet ihr diesen guten Freund überall bei euch haben. Wenn ihr euch an seine stete Anwesenheit gewöhnt, und er sieht die Liebe, mit der ihr ihn erfreuen möchtet, könnt ihr ihn, wie man so sagt, gar nicht mehr vertreiben. Er wird euch nie mehr verlassen, überall bei euch sein, euch helfen bei allen Aufgaben, in allen Schwierigkeiten und Nöten: denkt doch, was es heißt, einen solchen Freund zur Seite zu haben!

O Seelen, die ihr nicht mit vielem Nachdenken beten könnt, gewöhnt euch doch an diese Übung! Ich bitte euch ja gerade nicht, nachzusinnen, geistreiche Formulierungen zu finden und tiefsinnige Betrachtungen anzustellen. Ich möchte nur, daß ihr ihn anseht. Was hindert euch denn, die Augen der Seele – zumindest für einen kurzen Blick – auf ihn zu richten? Ihr seid ja fähig, recht häßliche und abstoßende Dinge zu betrachten: warum dann nicht auch das Schönste, was man sich vorzustellen vermag? Wenn euch das nicht gut erscheint, will ich euch gern erlauben, wegzusehen. Euer Bräutigam aber kehrt niemals die Augen von euch, und all die tausend Fehler und Unerfreulichkeiten, die ihr ihm bietet, genügen ihm nicht, um sich abzuwenden. Ist es dann zu viel verlangt, daß ihr euren Blick hin und wieder auf ihn richtet, statt auf äußere Dinge? Er möchte doch nur dieses: daß ihr ihn anseht. Je mehr ihr euch nach ihm sehnt, um so schneller werdet ihr ihn finden. So sehr wünscht er, daß wir die Augen zu ihm kehren, daß es an seinem Entgegenkommen nicht fehlen wird.

(CE 42, 1–3; vgl. CV 26, 1–3)

*

Nun berichtet uns der Heilige Augustinus, daß er Gott allenthalben suchte, bis er ihn endlich im eigenen Inneren fand. Ihr müßt euch einmal vorstellen, wieviel diese Wahrheit für eine allenthalben verstreute Seele bedeutet, wenn sie erkennt, daß sie nicht zum Himmel aufsteigen muß, um mit dem Vater zu reden, und daß kein lautes Rufen nötig ist, um seine Liebe zu erfahren. Wie leise sie auch spreche, er ist so nah, daß er sie hört. Sie braucht keine Flügel, um zu ihm zu gelangen, nur in die Einsamkeit muß sie gehen, in ihr Inneres schauen und sich nicht wundern über einen so hohen Gast. Vielmehr spreche sie ihn sehr demütig an als ihren Vater, bitte ihn als ihren Vater, berichte ihm von allen Nöten und welcher Hilfen sie bedarf, immer im Bewußtsein ihrer Unwürdigkeit als Tochter des Herrn.

Seid aber nicht kleinmütig wie einige, die das mit Demut verwechseln. Es ist wahrhaftig nicht demütig, wenn ihr eine Gabe des Königs zurückweist. Nehmt das unverdiente Geschenk an, und freut euch darüber. Eine schöne Demut wäre mir das, wenn ich den Herrn des Himmels und der Erde in meinem Haus zu Gast hätte und weise die Gnade ab, mit der er kommt, um mir eine Freude zu machen! Haltet euch fern von so falscher Demut, und geht mit ihm um wie mit einem Vater, einem Bruder, einem Herrn, ja, wie mit einem Bräutigam – bald auf die eine, bald auf die andere Weise, die er euch lehren wird. Das nennt man »Gebet der Sammlung«, weil die Seele ihre Vermögen sammelt und mit Gott in ihr Inneres eingeht. (CV 28, 2–4)

*

Die Zeit, die ich dem Herrn schenke, ist die seine. (CV 23, 2)

*

Das erste, was uns seine Majestät über das Gebet lehrt, ist, daß wir in die Stille gehen müssen. Er selbst pflegte in der Einsamkeit zu beten. Wir müssen in die Stille gehen, damit wir verstehen, mit wem wir zusammen sind und hören, was der Herr auf unsere Bitten antwortet. Oder meint ihr, er schweige, nur weil wir ihn nicht hören! Von Herzen gebeten spricht er zum Herzen. Wir tun gut daran uns vorzustellen, daß er selbst uns dieses Gebet gegeben hat, und daß der Meister sich nie so weit vom Schüler entfernt, daß dieser nach ihm rufen müsse; nein, er bleibt ihm ganz nah. Ich möchte, daß ihr daran denkt, wenn ihr das Vaterunser betet: haltet euch an den Meister, der es euch lehrte. (CV 24, 4)

*

Damit ihr nicht meint, mit einem sehr guten mündlichen Gebet sei wenig gewonnen, sage ich euch, daß es sehr wohl während eines Vaterunsers oder eines anderen mündlichen Gebetes geschehen kann, daß uns der Herr zu vollkommener Beschauung (Kontemplation) erhebt. So zeigt seine Majestät, daß er den Sprechenden hört und ihm in seiner Größe antwortet: er setzt ihm den Verstand außer Kraft, indem er den Lauf der Gedanken anhält und ihm, wie man so sagt, das Wort aus dem Munde nimmt. Nur mit großer Anstrengung könnte er noch sprechen. Doch er begreift die wortgeräuschlose Unterweisung des göttlichen Meisters, der ihm Fähigkeiten aufhebt, die, würde er sich ihrer jetzt noch bedienen, eher schadeten als nützten. So ist er selig, ohne zu wissen, was ihn so selig macht. Die Seele flammt auf in Liebe und weiß doch nicht, wie sie zu solcher Liebe kommt. Aber sie versteht sehr wohl, daß, was sie liebt, sie so beseligt, wie auch immer das geschehen mag. Und sie ist sicher, daß diese Seligkeit alles Vorstellungsvermögen übersteigt. Der Wille nimmt sie ganz auf, ohne das Wie zu kennen. Aber er begreift, daß kein Bemühen der Welt ihm ein solches Gut erwerben könnte. Es ist ein Geschenk vom Herrn des Himmels und der Erde, das ihm entspricht. So, meine Töchter, ist die vollkommene Kontemplation.

Nun werdet ihr den Unterschied zwischen Kontemplation und innerem Gebet begreifen. Letzteres ist, wie gesagt, Bewußtsein dessen, was wir sagen, zu wem wir es sagen und wer wir selbst sind, die wir uns mit einem so großen Herrn zu sprechen erkühnen. Dieses und ähnliches zu erwägen, z. B. wie wenig wir ihm dienen, und wie viel wir ihm dienen müßten, ist inneres Gebet. Laßt es euch nicht böhmisch vorkommen und erschreckt nicht vor dem Namen. Betet ihr das Vaterunser oder Avemaria oder was ihr sonst wollt, so ist das mündliches Gebet. Aber seht, es kommt ja ohne das innere Gebet nicht zum Schwingen! Und manchmal fehlt dann den Worten die Harmonie.

Bei diesen beiden Gebetsarten vermögen wir mit Gottes Gnade noch selbst etwas zu tun. Beim kontemplativen Gebet dagegen gar nichts. Hier liegt alles Tun bei seiner Majestät, denn es übersteigt unsere natürlichen Kräfte.

(CV 25, 1–3)

*

Wenn sich auch hier im Kloster alles um das Gebet dreht, müssen doch nicht alle kontemplativ veranlagt sein. Das ist unmöglich, und es wäre ein großer Kummer für eine, die es nicht ist, hätte sie nicht verstanden, daß die Gabe des kontemplativen Betens einzig von Gott abhängt. Zum Heile ist es nicht notwendig, darum denke niemand, es werde von ihm verlangt. Man kann auch auf andere Weise vollkommen sein. Ja, die Nichtkontemplative kann größeres Verdienst haben, denn sie hat es schwerer und wird vom Herrn als starke Seele behandelt, die dereinst alles auf einmal er-

halten wird, was sie auf Erden nicht bekam. Doch gebe sie deshalb nicht auf und bete weiter mit den anderen. Manchmal kommt der Herr spät und verleiht alles überreichlich auf einmal, was er an andere über viele Jahre verteilte.
(CE 27, 2)

*

Ich betone, daß viel daran gelegen ist, mit großer Entschlossenheit zu beginnen. Auch müßt ihr das sichere Vertrauen haben, daß ihr aus mutig geführtem Kampf als Sieger hervorgehen werdet. (CV 23, 1, 5)

## GEDICHT

Wie glücklich ist ein Herz, das all sein Lieben
und all sein Denken hat auf Gott gerichtet.
In höchster Seligkeit ist es verblieben,
auf Eitelkeit der Welt hat es verzichtet,
zu Gott allein weiß sich sein Wunsch getrieben,
das eig'ne Sorgen ist ihm ganz vernichtet.
So kreuzt es freudig auf dem Meer des Lebens,
und alle Stürme drohen ihm vergebens.

(P. Dichoso el corazón enamorado)

# MEIN GELIEBTER IST MEIN

Das Äußerste, das Gott für seinen Freund tun kann, ist, sich ihm zu schenken. Und das Äußerste, was der Mensch vermag, ist, sich Gott zu schenken. Doch können wir letzteres nicht vollkommen tun ohne seine Hilfe. Sagte doch die Braut zuerst: »Mein Geliebter ist mein« und nicht »ich bin sein«.

*(Francisco de Osuna, S. 42)*

# DAS GEBET DER RUHE

Man verspürt im Innern der Seele eine so liebliche Sanftheit, daß man daran die Einwohnung des Herrn erkennt. Es ist mehr als jene bekannte Andacht, bei der uns die Passion des Herrn oder unsere Sünden zu Tränen bewegen, so wohltuend diese Tränen auch sind. Ich nenne es Gebet der Ruhe, weil es den ganzen äußeren und inneren Menschen in Ruhe und stillen Frieden versenkt. Und er fühlt sich davon innerlich und äußerlich so gestärkt, als habe man ihm ein duftendes Öl ins innerste Mark gegossen. Es ist, als seien wir plötzlich an einen Ort versetzt, der allenthalben einen solchen Wohlgeruch ausströmt, daß dieser uns ganz durchdringt, ohne daß wir zu sagen vermögen, woher er kommt.

So dringt bei diesem Gebet die Liebe Gottes lieblich in uns ein. Die Braut – die Seele – möchte dann weder sprechen, noch etwas sehen, noch sich bewegen, damit der Geliebte bei ihr bleibe, denn ganz deutlich spürt sie seine Gegenwart. Zwar kann sie ihn nicht erblicken, doch teilt er ihr große Wahrheiten mit. In seinem Lichte, das sie nicht versteht, erkennt sie die Eitelkeit der Welt. Sie wird so gut gestärkt und unterwiesen, daß sie sich hinterher nicht wiedererkennt und nichts anderes mehr tun möchte, als den Herrn zu preisen. Aber während sie die Erfahrung des Gebets der Ruhe macht, ist sie so abwesend und versunken, als sei sie nicht mehr bei sich in einer Art Trunkenheit, in der sie nichts von dem weiß, was sie wünscht, sagt oder bittet. Dennoch ist sie nicht so außer sich, daß sie nicht wahrnähme, wie ihr geschieht. (MC 4, 2–3)

*

Ich möchte dem, was ich über das Gebet der Ruhe sagte, noch folgendes hinzufügen: wenn die Seele ganz in Ruhe versenkt ist, kann der Verstand so unruhig werden, als geschehe das alles nicht im eigenen Hause. Er fühlt sich als Gast, als Fremdling, und geht sogar auf die Suche nach weiteren Unterkünften, denn es gefällt ihm nicht, still sein zu müssen. Ich berichte das von mir, die ich manchmal gern gestorben wäre, weil ich mir nicht mehr zu helfen wußte. Es muß aber nicht jedem so ergehen. Es kann auch sein, daß der Verstand zu Hause bleibt, weil er die Voluntas (den Willen) bei sich hat und mit ihr übereinstimmt, daß es eine Pracht ist! Die beiden sind dann wie ein glücklich verheiratetes Paar, das sich liebt, so daß der eine wünscht, was die andere möchte.

Noch ein weiteres Gleichnis möchte ich euch geben. Der Herr schenkte es mir im Gebet und es gefällt mir sehr: Im Gebet der Ruhe ist die Seele wie ein Säugling, dem seine Mutter eine Freude machen möchte, indem sie ihm die Milch in den Mund träufelt, so daß er sich gar nicht anstrengen muß. So dringt auch der Herr ohne Verstandesbemühen in die Seele. Sie soll nur seine Anwesenheit erfassen, die Milch schlucken, die er ihr einflößt und wissen, daß er sie schenkt aus lauter Liebe. (CE 53, 4–5)

*

Bei diesem spirituellen Geschehen tut derjenige mehr, der weniger denkt und weniger tätig ist. Wenn uns Gott auf seinen geheimen Wegen zu verstehen gibt, daß er uns hört, ist es gut zu schweigen. Wenn er nahe ist, ist es nicht schlecht, so meine ich, das Denken, wenn wir können, einzustellen. Gab uns aber dieser König noch nicht zu verstehen, daß er uns hört oder sieht, so sollen wir uns nicht zu Toren machen, indem wir versuchen, das Denken aufzuheben. Unsere Imagination wird dürrer und vielleicht auch unruhiger sein, wenn wir uns zwingen wollen, nicht zu denken. Der Herr wünscht, daß wir uns seine Gegenwart bewußt machen und ihn bitten, denn er weiß, was wir brauchen. Ich jedenfalls halte nichts von menschlichen Bemühungen in Dingen, in denen seine Majestät uns Grenzen setzte, deren Aufhebung er sich selbst vorbehielt. Er ließ uns ja genug übrig, wofür wir uns mit seiner Hilfe aktiv bemühen dürfen; so Werke der Buße oder das Gebet, soweit unsere Armseligkeit es zuläßt. Zudem erzeugt das Bemühen, nichts denken zu wollen, sehr leicht ein Übermaß an Gedanken. Gott möchte doch auch ganz wesentlich, daß wir ihn ehren und seiner Herrlichkeit gedenken, wobei wir uns selbst und unseren Vorteil und Nutzen vergessen müssen. Wie aber können wir uns vergessen, wenn wir uns so sehr bemühen, uns nicht zu regen und auch dem Verstand und Wollen nicht gestatten, zum größeren Ruhme Gottes tätig zu sein, ja nicht einmal Freude daran zu empfinden?

Wenn seine Majestät will, daß der Verstand seine Tätigkeit einstellt, beschäftigt er ihn auf andere Weise, indem er unser Verstehen so erleuchtet, wie wir es niemals erreichen könnten. In diesem Licht geht dann der Verstand ganz auf und wir werden ohne sein Zutun besser belehrt, als wir es mit unseren Anstrengungen vermöchten, die ihn nur verwirren. Gott hat uns doch unsere Fähigkeiten gegeben, damit wir sie gebrauchen – eine jede zu ihrem Zweck. Darum ist es sinnlos, sie außer Kraft zu setzen; man muß sie vielmehr ihres Amtes walten lassen, bis Gott sie zu einer höheren Tätigkeit erhebt.

Nach meinem Verständnis ist es recht, wenn eine Seele, die der Herr in diesen Zustand versetzt hat, ganz still und gewaltlos versucht, den Gedankenstrom versiegen zu lassen. Aber sie darf weder den Verstand noch das Denken überhaupt aufgeben. Stattdessen sollte sie sich daran erinnern, daß sie vor Gott steht, und wer dieser Gott ist. Wenn sie durch diese Empfindung in einen Versenkungszustand gerät, um so besser! Aber sie versuche nicht, Gott zu erkennen, denn das ist der Liebe vorbehalten. Sie lasse diese genießen und trage nichts weiter bei, als einige liebevolle Worte. Auch wenn wir uns bei diesem Geschehen gar nicht um das Nichtdenken bemühen, stellt es sich doch oft ohne unser Zutun ein, wenn auch nur für kurze Zeit. (4 M 3, 5–8)

*

Man suche möglichst tiefe Einsamkeit, um dem Herrn Raum zu geben und seine Majestät walten zu lassen wie in ihrem Eigentum. Sonst nur ein Wort von Zeit zu Zeit, wie jemand, der eine Kerze, die zu erlöschen droht, leicht anbläst, damit sie wieder aufflamme. Aber wenn sie wieder voll brennt, würde das Blasen sie nur auslöschen, wie mir scheint. Ich betone, daß sehr sanft geblasen werden muß, denn der Wille (die Liebe) verträgt es nicht, wenn der Verstand wortreich mit ihr in Wettstreit tritt.

Sieht sich der Wille in dieser Ruhe, so kümmere er sich um den Verstand nicht mehr als um einen Narren, denn wenn er ihn nachziehen wollte, würde dieser ihn zwangsläufig beschäftigen und beunruhigen. Dann wäre das Gebet eine einzige Anstrengung, wobei der Wille nichts gewinnen, sondern auch das verlieren würde, was er ohne Gegenleistung vom Herrn erhält. (CV 31, 7–8)

## GEBET DER VEREINIGUNG UND MENSCHHEIT CHRISTI

Vom Gebet der Ruhe unterscheidet sich das kontemplative, gotteinende Gebet dadurch, daß die Seele auch die passive Aufnahme nicht mehr leisten muß. War sie zuvor wie ein Säugling, der die Milch noch zu schlucken hatte, erzeugt der Herr diese Nahrung nun direkt in ihrem Innern, ohne daß sie erfährt, wie. Im Gebet der Ruhe dagegen mußte sie noch eine ganz winzige Leistung vollbringen, wenn sie auch so gering war, daß sie es fast nicht merkte. Was sie dabei plagte, war ihr Verstand. Im Gebet der Unio aber sind auch die drei Grundkräfte der Seele (Verstand, Wille, Gedächtnis) vereint, weil ihr Schöpfer ihre Eigentätigkeit aufhob. Sie sind ganz und gar beschäftigt mit der Seligkeit, die er schenkt, ohne daß sie verstehen, wie. (CV 31, 10)

*

Ich möchte, daß ihr nur dieses eine begreift: Es geht auf diesem geistlichen Wege nicht darum, viel zu denken, sondern viel zu lieben. Was am meisten Liebe in euch weckt, das tut. (4 M 1, 7)

*

Vor allem möchte ich die Kontemplativen vor Täuschungen und Illusionen warnen, denen sie häufig erliegen. Ist ihr kontemplatives Gebet echt, so haben sie auch große Liebe; wenn nicht, sind sie keine Kontemplativen. Diese Liebe kann sich in vielen Formen äußern, aber ein großes Feuer wird immer stark leuchten. Haben sie dieses Feuer der Liebe nicht, so ist das Grund zu Furcht und Sorge. Sie müssen versuchen herauszufinden, woran es liegt. Dem sollten sie dann begegnen durch Gebete, durch sehr demütiges Verhalten und durch flehende Bitten an den Herrn, er möge sie nicht in Versuchung führen. (CV 40, 4)

*

Seine Majestät begann mir sehr häufig das Gebet der Ruhe zu verleihen und manchmal auch schon ein Gebet der Vereinigung, das sich über längere Zeit erstreckte. (V 23, 2)

*

Ich will euch ein Zeichen sagen, an dem ihr das Gebet der vorübergehenden Vereinigung erkennen könnt: Wenn Gott die Seele ganz unwissend gemacht hat und sie weder sieht noch hört noch versteht – ein Zustand, der immer nur von kurzer Dauer ist und ihr manchmal noch kürzer erscheinen mag –, weil er ihr das Siegel seiner Weisheit einprägen will, dann läßt sich Gott auf eine Weise in der Seele nieder, daß diese, wenn sie wieder zu sich kommt, überhaupt nicht zweifeln kann, daß sie in Gott war und Gott in ihr. Sie ist dieser Wahrheit so sicher, daß sie auch nach Jahren, und wenn ihr Gott gar keine weiteren Gnaden mehr mitteilte, nicht daran zweifeln kann, daß es so war. Hinzu kommen ja noch die Wirkungen dieser Gnade, wovon ich später sprechen will. Ihr werdet mich fragen: Wie konnte denn die Seele solche Gewißheit erhalten, wenn sie doch nichts sah und verstand? Ich habe hier aber nicht gesagt, daß sie das im Augenblick der Erfahrung verstand, sondern hinterher, und nicht als Vision, sondern als eine Gewißheit, die Gott ihr in die Seele legte. Ich kenne jemanden (Teresa), dem es noch nicht zu Ohren gekommen war, daß Gott in allem ist durch seine Gegenwart, Macht und Wesenheit. Doch durch eine solche Gnade, die Gott ihr erwies, gelangte sie zu diesem Glauben. (5 M 1, 9–10)

*

Es kann für das kontemplative Gebet gut sein, wenn man dabei nicht an körperliche Dinge denkt. Ich möchte aber sehr hervorheben, daß hierzu nicht die heiligste Menschheit Christi gehört. Dieser Punkt ist wichtig; ich will versuchen, ihn darzulegen:

Wenn Gott alle Seelenkräfte aufheben will, wie in einigen der Gebetsarten, die ich schon erklärte, so kann er uns natürlich auch die leibhafte Vergegenwärtigung Christi nehmen. Soweit ist das in Ordnung. Es ist ein glücklicher Verlust, weil uns dann mehr gegeben wird, als wir verlieren, da die Seele ganz in Liebe aufgeht zu dem, den der Verstand sich vorzustellen vergebens mühte. Aber daß wir selbst absichtlich und methodisch nicht immer – und wolle Gott, daß immer – die heiligste Menschheit Christi vor Augen haben wollen, das scheint mir gar nicht gut. Es ist für die Seele, wie man so sagt, ein Schlag ins Wasser, denn es fehlt ihr die Basis, so gotterfüllt sie auch scheinen mag.
(V 22, 9)

*

Vielleicht denkt ihr auch, daß, wer schon sehr hohe Gebetsgaben erfuhr, nicht mehr über die Geheimnisse der heiligsten Menschheit unseres Herrn Jesus Christus meditieren solle, weil er ja schon ganz von Liebe getragen ist. Hierüber habe ich anderenorts schon ausführlich geschrieben, und wenn man mir auch widersprochen und gesagt hat, ich verstünde nichts davon, wird mich niemand dazu bringen, auszusagen, dies sei ein guter Weg. Zwar kann ich mich täuschen und sind wir uns vielleicht schon einig, aber ich möchte doch wiederholen und euch bitten, niemandem zu glauben, der etwas anderes sagt.

Ich kann solchen Gedankengängen nicht folgen, denn es kommt nur den himmlischen, liebeflammenden Geistern zu, vom Körperhaften ganz abzusehen. Uns aber, die wir im sterblichen Leibe leben, ist es nötig, daß wir an jene denken und uns von ihnen begleiten lassen, die unter gleichen Bedingungen Großes für Gott taten. Erst recht sollten wir uns dann nicht absichtlich entfernen von all den Hilfs- und Heilsmöglichkeiten, die uns durch die heiligste Menschheit unseres Herrn Jesus Christus zuteil werden. Ich kann nur meinen, daß, wer so spricht, nicht weiß, was er sagt, und sich und anderen Schaden zufügt. Zumindest kann ich allen versichern, daß sie nicht in die letzten Wohnungen (der inneren Burg) eintreten werden, wenn sie auf ihren Führer, unseren Herrn Jesus, verzichten. Sie werden dann den Weg verfehlen; sagte doch der Herr selbst, er sei der Weg. Er fügte auch hinzu, er sei das Licht, und niemand könne zum Vater kommen, wenn nicht durch ihn, und wer ihn sähe, sähe den Vater. (6 M, 7, 5–6)

# KREUZ AN ALLEN WEGEN

Wenn auch der Fahnenträger in den Schlachten nicht kämpft, ist er doch nicht in geringerer Gefahr und hat es innerlich schwerer als alle. Er kann sich ja nicht verteidigen, weil er das Banner hält, das er nicht aus den Händen lassen darf, auch wenn man ihn in Stücke haut.

So ist es auch die Pflicht der Kontemplativen, die Fahne der Demut voranzutragen und alle Streiche hinzunehmen, ohne einen einzigen zu erwidern. Es ist ja ihr Amt, gleich Christus zu leiden, das Kreuzesbanner hoch erhoben. Sie dürfen es nicht aus den Händen lassen, welche Gefahren auch immer drohen und keine Schwäche zeigen, denn dafür erhielten sie ihr ehrenvolles Amt. Der Kontemplative gebe acht, denn wenn er das Banner losläßt, ist die Schlacht verloren. (CV 18, 6)

*

Der Herr weiß, was jeder tragen kann. An dem Starken wird er ohne Zaudern seinen Willen erfüllen. Ich möchte euch diesen Willen näher erläutern. Habt keine Angst, daß er euch Reichtümer geben wird oder irdische Freuden und Ehren, so wenig liebt er euch nicht. Er weiß sehr zu schätzen, was ihr ihm gebt und möchte es euch zurückzahlen, so daß sein Reich zu euch komme, während ihr noch auf Erden lebt. Wollt ihr wissen, was er denen gibt, die wirklich seinen Willen tun möchten? Dann fragt seinen glorreichen Sohn, der im Garten von Getsemani betete. Was er entschlossen und von ganzem Herzen erbat, seht, wie es ihm erfüllt wurde durch Leiden und Schmerzen, Schmähungen und Verfolgung, kurz, bis zum Tod am Kreuze!

Da ihr seht, meine Töchter, was er dem gab, den er am meisten liebte, so wißt ihr auch, was sein Wille ist. Solcher Art sind seine Gaben in dieser Welt. Sie entsprechen seiner Liebe zu uns: Je mehr er jemanden liebt, um so mehr derartige Gaben schenkt er ihm; und umgekehrt, immer entsprechend der Entschlossenheit und Liebe, die seine Majestät erkennt. Wer ihn sehr liebt, wird auch viel für ihn leiden können, und wer ihn wenig liebt, nur wenig. Meines Erachtens ist die Liebe das Maß für die Größe des Kreuzes, das jemand tragen kann. Wenn ihr also, Schwestern, Liebe zu unserem Herrn habt, so solltet ihr ihm nicht leere Worte sagen, sondern bereit sein, zu durchleiden, was seine Majestät euch schicken will. Wolltet ihr anders seinen Willen erfüllen, so wäre das, als hieltet ihr ihm einen Edelstein hin, aber wenn er die Hand danach ausstreckt, zieht ihr ihn zurück, um ihn gut zu verwahren. (CV 32, 6–7)

*

Manchmal scheint es, als gehe die Seele in großer Not umher mit dem an sich selbst gerichteten Sagen und Fragen: »Wo ist dein Gott?« (Ps 42,4). Ich muß gestehen, daß ich anfangs die Bedeutung dieses Psalms auch in meiner Muttersprache nicht recht verstand. Später aber, als ich ihn verstanden hatte, freute es mich zu wissen, daß der Herr mir die Verse ins Gedächtnis rief, ohne daß ich dazu beitrug. Auch erinnerte er mich an das Wort des Heiligen Paulus, er sei der Welt gekreuzigt (Gal 6,14). Ich will damit nicht behaupten, daß es auch mit mir so war, das ist mir bewußt. Aber es scheint doch, daß die Seele sich in einem Zustand befinden kann, in dem sie weder im Himmel noch auf der Erde weilt und von beiden keinen Trost empfängt, sondern gleichsam gekreuzigt zwischen Erde und Himmel leidet, ohne von irgendeiner Seite Hilfe erwarten zu können.
(V 20, 11)

*

Mein Gott, was für innere und äußere Leiden muß doch die Seele auf sich nehmen, ehe sie in die siebente Wohnung (in die Unio mystica) eintreten darf! Ich überlege und befürchte manchmal, daß, wenn man alles vorher wüßte, man sich aufgrund der natürlichen Schwäche kaum dazu entschließen würde, trotz all der dadurch zu erringenden Herrlichkeit. Ich will diese Leiden hier nicht in systematischer Ordnung aufzählen, sondern so, wie sie mir einfallen. Um mit den geringsten anzufangen: da erhebt sich Kritik bei Personen, mit denen wir umgehen und bei solchen, mit denen wir nicht umgehen und von denen wir nie geglaubt hätten, daß sie sich um uns kümmern könnten: »Sie spielt die Heilige! Sie übertreibt, um die Welt zu täuschen und andere herabzusetzen, die bessere Christen sind ohne solche Vorführungen.« Und dabei ist wohl festzuhalten, daß sie nichts dergleichen tut, sondern nur bemüht ist, gewissenhaft ihre Pflichten zu erfüllen. Die ihre Freunde waren , kehren sich von ihr ab und geben ihr größte Bitterkeit zu schlucken, indem sie mit tiefem Bedauern von ihr sprechen: Daß sie nun ganz verloren und offensichtlich den Täuschungen des Teufels erlegen sei, daß es ihr wie dieser und jener heillosen Person ergehen wird (und dergleichen mehr). Auch schickt der Herr oft schwere Krankheiten. Solche Leiden sind weit schlimmer, zumal wenn sie mit starken Schmerzen verbunden sind. Ja, sehr heftige Schmerzen, die sich einstellen, wann sie wollen, sind meiner Meinung nach im äußeren Leben das Schlimmste, was einem in dieser Welt geschehen kann, denn sie bringen den Menschen äußerlich und innerlich ganz aus der Fassung, so daß eine Seele in ihrer Bedrängnis weder aus noch ein weiß und gern sofort irgendeinen Märtyrertod erleiden würde, um diese Schmerzen nicht mehr ertragen zu müssen.

Ich kenne eine Person (Teresa), die, seit der Herr ihr vor 40 Jahren die erwähnte Gnade erwies, von sich sagen kann, daß sie wahrhaftig keinen Tag ohne Schmerzen und Leiden aller Art verbracht hat. Ich spreche hier vom Mangel an Gesundheit, nicht von anderen Beschwernissen.

Jedoch erscheinen gegen die seelischen Leiden die körperlichen nur klein. Es ist aber unmöglich, die ersteren genau verständlich zu machen. Beginnen wir mit der Qual, wenn wir an einen Beichtvater geraten, der ebenso klug wie unerfahren ist und darum gar nichts für sicher hält. Er ist voller Befürchtungen, er bezweifelt alles, was ein wenig vom Üblichen abweicht, besonders wenn es einer Seele begegnet, an der er igendeine Unvollkommenheit bemerkt. Solche Beichtväter meinen, Gott könne diese Gnaden nur Engeln mitteilen, und man könne sie unmöglich erfahren, solange man noch in diesem Körper weilt. Darum verdammen sie alles und schieben es dem Teufel oder der Melancholie zu. Und davon ist die Welt ja so voll, daß es mich nicht wundert. Ganz unerträglich wird es, wenn auch noch Trockenheiten hinzukommen (seelische Dürre beim Gebet), so daß die Seele meint, sie habe noch nie Gottes wirklich gedacht, noch werde sie je seiner gedenken. Und wenn man von seiner Majestät spricht, so ist ihr, als rede man von einer Person, von der sie nur ganz entfernt einmal hörte.

Ihr Verstand ist so verdunkelt, daß sie die Wahrheit nicht mehr sehen kann, sondern glaubt, was die sie nun ganz beherrschende Einbildungskraft ihr vorgaukelt. So ist sie den unsinnigen Einflüsterungen des Teufels ausgeliefert, dem unser Herr Erlaubnis gab, sie zu prüfen, so daß sie zu wissen meint, Gott habe sie verworfen. Kein Trost ist in diesen Stürmen zugelassen, und wenn sie sich zu ihrem Beichtvater retten will, scheint er mit allen Teufeln im Bunde, um sie noch mehr zu quälen.

Kurz, man kann in diesem Sturm nichts anderes tun, als auf die Barmherzigkeit Gottes hoffen, der plötzlich mit einem einzigen Wort oder einem unvermuteten Anlaß die Wolken so schnell vertreibt, als habe es sie nie gegeben. Dann ist die Seele sonnendurchflutet und tief getröstet.

(6 M, 1, 2–10)

*

Wie lange, Herr, wie lange? Was tue ich nur, Du mein Alles? Soll ich vielleicht ersehnen, mich nicht nach Dir zu sehnen? O mein Gott und mein Schöpfer! Du verletzst* und verweigerst die Medizin: Du schlägst heimliche Wunden; Du vermehrst tötend das Leben; kurz, mein Herr, Du tust, was Dir in Deiner Allmacht beliebt. Und läßt, mein Gott, mich armen Wurm all diese Widersprüche ertragen. So sei es Herr, denn Du willst es, und ich will nichts, als Dich lieben. (E 6)

* Sowohl in der BAC-Ausgabe wie bei Aguilar steht ›llegáis‹ = du kommst an, triffst ein. Die Übersetzerin vermutet jedoch (im Gegensatz zur Kösel-Ausgabe), daß ›llagáis‹ = verwundest, verletzt gemeint ist.

# MEIN GELIEBTER IST MEIN!

*(Bericht):* Es war im zweiten Jahr meines Priorats im Menschwerdungskloster, eine Woche nach dem St. Martinstag. Als ich zur Heiligen Kommunion ging, zerbrach der Pater Johannes vom Kreuz die Hostie und teilte sie zwischen mir und einer anderen Schwester. Ich dachte, er tue das nicht aus Mangel an Hostien, sondern um mich zu erziehen, denn ich hatte ihm erzählt, wie gern ich möglichst große Hostien erhielt, obwohl mir natürlich klar war, daß ich immer den ganzen Herrn empfing, selbst in dem kleinsten Stück. Da sagte seine Majestät zu mir: »Fürchte dich nicht, Tochter, niemand vermag dich von mir zu trennen.« Damit gab er mir zu verstehen, daß ich mir nichts aus der Teilung der Hostie machen solle. Und dann ließ er mich, wie schon öfter, ganz tief im Innern eine bildhafte Vision erfahren: Er reichte mir seine rechte Hand und sprach: »Sieh in meiner Hand den Nagel. Er ist das Zeichen, daß ich mich heute mit dir vermähle. Bis jetzt hattest du es noch nicht verdient. Von nun an aber bin ich nicht nur dein Schöpfer, dein Gott und dein König, zu dessen Ehre du lebst, sondern du bist nun meine wahre, mir angetraute Gemahlin. Meine Ehre ist deine Ehre und deine Ehre ist meine Ehre.« Diese Gnade tat eine solche Wirkung in mir, daß ich völlig außer mir und wie von Sinnen war und ihn bat, er möge entweder meine Niedrigkeit erheben oder mir nicht eine solche Gnade erweisen. Denn ich hatte das sichere Gefühl, daß meine natürlichen Kräfte dem nicht gewachsen waren. Ich blieb so den ganzen Tag in tiefer Versunkenheit, wie abwesend. Hinterher spürte ich dann, welch ein Geschenk ich empfangen hatte, aber noch größer waren meine

Verwirrung und Betrübnis, weil ich doch sehe, daß ich so großen Gnaden in keiner Weise zu entsprechen vermag.
(CC 25, Avila den 18. November 1572)

*

O Du wahrhaft Liebender! Mit wieviel Erbarmen, mit welch sanfter und zärtlicher Beglückung heilst Du uns die Wunde, die Du selbst mit deinem Pfeil verursachtest. O mein Gott, Du Stiller aller Leiden, wie ungereimt rede ich doch! Wie könnten denn menschliche Mittel die Wunden des göttlichen Feuers heilen? Wer kennt die Ursache und Tiefe dieser Wunden? Wer weiß diese glückselige Qual zu lindern? Es wäre widersinnig, die kostbare göttliche Wunde mit den geringen Mitteln der Sterblichen heilen zu wollen. Mit wieviel Recht sagt die Braut im Hohen Lied: »Mein Geliebter ist mein, und ich bin sein.« Denn eine solche Liebe kann unmöglich von einer Unzulänglichkeit wie der meinen ihren Ausgang nehmen.

Wieso dann aber, geliebter Bräutigam, bleibt diese Unzulänglichkeit nicht bei den geschaffenen Dingen stehen, sondern schwingt sich zu ihrem Schöpfer auf? O mein Gott, warum kann ich sagen, ich bin Dein? Du, mein wahrhaft Liebender, hast diesen Liebeskrieg begonnen, der nichts anderes ist als eine Beunruhigung und ein Ausgesetztsein aller Sinne und Seelenkräfte, die gleich der Braut im Hohen Lied hinausgehen auf die Straßen und Plätze, um die Töchter Jerusalems zu beschwören, ihr zu sagen, wo sie Gott finde. Denn, Herr, wenn diese Schlacht begonnen hat – wer ist ihr Gegner, wenn nicht JENER, der die Burg besetzt hat, die sie bewohnten, d.h. den höchsten Teil der Seele, und der sie von dort vertrieb, damit sie umkehrten, ihren Eroberer zu erobern. Ohne ihn sind sie schnell ermüdet und je mehr sie ihren Widerstand aufgeben, um so besser kämpfen sie. Schließlich erklären sie sich für besiegt und besiegen so ihren Besieger.

Ach, meine Seele, welch wunderbare Schlacht hast du in diesen Kämpfen geschlagen und wie buchstäblich erfüllt es sich so! Denn mein Geliebter ist mein und ich bin sein: Wer vermöchte zwei so flammende Feuer zu trennen oder zu löschen? Vergeblich wäre das Bemühen, denn beide sind eins geworden. (E 16)

*

Wie armselig ist die Weisheit der Sterblichen und wie unsicher ihre Vorsorge! Gebe doch, Herr, Deine Vorsehung meiner Seele, wessen sie bedarf, um mehr Deinen Wünschen als ihren eigenen zu dienen. Straf mich nicht, indem Du mir gibst, was ich will und wünsche, wenn es Deiner Liebe, die immer in mir leben möge, nicht entspricht. Möge doch dieses mein Ich sterben, auf daß ein neues, größeres und besseres in mir lebe, dem mein kleines Ich zu dienen vermag: Dieses große Ich lebe in mir und gebe mir Leben. Es herrsche, und ich sei seine Gefangene, denn meine Seele will keine Freiheit mehr. Wie wäre denn frei, wer sich vom höchsten Gut entfernte? Gibt es denn für die Seele eine elendere Gefangenschaft, als wenn sie sich aus der Hand des Herrn löste? Glücklich, die sich durch starke Gitter und Ketten des göttlichen Erbarmens gefangen sehen und sich nicht daraus befreien können. Stark wie der Tod ist die Liebe und hart wie die Hölle. O hätten mich doch die Hände Deiner Liebe schon getötet und in diese göttliche Hölle geworfen, aus der es keinen Ausgang geben möge, oder besser gesagt, daß man nicht mehr fürchten müsse, sie zu verlassen! Denn, ach mein Herr, so lange dieses irdische Leben dauert, besteht auch die Gefahr, daß wir das ewige verlieren!

Wenn ich es recht überdenke, ach Du mein Herr, so ist meine Verbannung lang. Kurz aber ist die Zeit, die uns gegeben wurde, um uns Ewigkeit zu erwirken. Lang ist ein einziger Tag, eine einzige Stunde für den, der fürchtet, Dich beleidigt zu haben. O freier Wille, welch Sklave deiner Freiheit bist du doch, solange dich nicht Furcht und Liebe an den Schöpfer binden. Wann werde ich ihn sehen, den glückseligen Tag, da du verschlungen bist vom unendlichen

Meer der höchsten Wahrheit! Da du nicht mehr frei bist zu sündigen, noch frei sein möchtest, weil du, vor allem Elend sicher, ganz eingingst in das Leben deines Gottes. (E 17)

*

Alle Ratschläge, die ich euch in diesem Buch gegeben habe, zielen auf einen einzigen Punkt: daß wir uns ganz dem Schöpfer schenken und unseren Willen in den seinen fügen. Dann wird der Weg kurz, auf dem wir zum Quell lebendigen Wassers gelangen. Aber nur der wird daraus trinken, der seinen Willen so dem Herrn übergibt, daß dieser ihn mit dem seinen in Übereinstimmung bringe. Das ist die vollkommene Kontemplation, meine Töchter, nach der ihr mich gefragt hattet.

Wir selbst, das schrieb ich schon, können dabei garnichts tun. Jede Anstrengung hindert uns, nichts anderes zu sagen als: Dein Wille geschehe. Ja Herr, mir geschehe Dein Wille, alles, was Du möchtest und wie Du es wünschst. Mögen Leiden über mich kommen mit der Kraft, sie zu ertragen; sind es Verfolgungen, Krankheiten, Entehrungen und Not – hier bin ich, Vater, ich wanke nicht und sehe keinen Grund zur Flucht. Denn Dein Sohn gab im Namen aller auch meinen Willen zur Liebe, wie sollte ich mich da verweigern.

Meine Schwestern, welche Kraft hat dieses Geschenk! Wenn wir es entschlossen geben, so ist es tatsächlich fähig, den Allmächtigen zu bewegen, daß er in unsere Niedrigkeit eingeht und uns in sich verwandelt. So wird der Schöpfer eins mit dem Geschöpf.

Und je mehr man durch seine Lebenswirklichkeit erweist, daß es sich nicht um leere Worte handelt, um so enger und enger vereint sich uns der Herr und hilft uns, alles Geschaffene wie uns selbst zu übersteigen, um seine großen Gnaden zu empfangen, die er denen, die ihm in diesem Leben dienen, unaufhörlich schenkt. So reich sind seine Gaben, daß wir gar nicht mehr wissen, um was wir noch bitten sollen, und seine Majestät wird niemals müde zu geben. Ja, es genügt ihm noch nicht, daß er unsere Seele mit sich vereinte, er beginnt auch, sich an ihr zu erfreuen, ihr Geheimnisse mitzuteilen und zu sehen, wie sie durch ihr Verstehen vorankommt und zu ahnen beginnt, was er zu schenken vermag. Er läßt sie den Gebrauch ihrer äußeren Sinne verlieren, damit sie nichts anderes mehr wahrnehme. Das nennt man Ekstase (arrobamiento). Und er beginnt ihr solche Freundschaft zu bezeugen, daß er ihr nicht nur ihren Willen zurückgibt, sondern noch den seinen dazu. Denn es freut den Herrn in dieser liebevollen Freundschaft, daß er sich den Wünschen der Seele unterwirft, so wie sie sich den seinen, nur viel vollkommener, denn er ist allmächtig und vollbringt, was er wünscht so, daß nichts zu wünschen übrig bleibt.

Die arme Seele aber kann nicht alles, was sie wünscht vollbringen, sie vermag gar nichts, wenn er es ihr nicht schenkt: Das ist ihr größter Reichtum. Ich möchte euch eines raten: Meint nie, ihr könntet aus eigener Kraft und durch eigenes Bemühen zu diesem Gebet gelangen. Wenn ihr es versucht, werdet ihr scheitern und nur Kälte und Trockenheit empfinden. Ihr könnt nichts anderes tun, als in Schlichtheit und mit allumfassender Demut sagen: Dein Wille geschehe. (CV 32, 9–14)

# DIE HEILIGE DREIFALTIGKEIT

Große Barmherzigkeit hat uns Gott erwiesen, da er diese größten Gnaden jemandem mitteilte, durch den wir davon erfahren können. Denn je deutlicher wir wissen, daß er sich seinen Geschöpfen verbindet, um so mehr können wir seine Größe preisen und uns ermutigen, die Seele nicht gering zu schätzen, die dem Herrn so viel bedeutet. Jede von uns hat eine solche Seele, aber da wir oft vergessen, daß sie nach dem Bilde Gottes geschaffen wurde, übersehen wir auch die großen Geheimnisse, die sie in sich birgt. Möge seine Majestät mir die Feder führen und mir die Fähigkeit schenken, euch ein wenig zu sagen von dem vielen, das hier zu erklären wäre. Mein Gott, ich zittere bei dem Gedanken, daß ich elende Kreatur hier über Dinge sprechen will, die zu verstehen ich nicht würdig bin. Ich war in großem Konflikt, ob ich diese Wohnung (die siebente) nicht lieber mit wenigen Worten übergehen sollte, weil man sonst meinen könnte, ich kenne sie aus Erfahrung. Das würde mich tief beschämen, da es in schlimmem Gegensatz steht zu dem, was ich bin*. Andererseits möchte ich doch alles tun, damit Gott ein wenig mehr verstanden und gepriesen werde, möge sich auch die ganze Welt über mich aufregen, zumal ich vielleicht längst tot bin, wenn man dieses liest.

Wir dürfen nicht meinen, unsere Seele sei etwas Winkeliges und Begrenztes. Sie ist eine innere Welt mit vielen und schönen Wohnungen und vor allem mit einer Wohnung für Gott. Wenn es nun seiner Majestät gefällt, daß er ihr die

* Die Heilige besitzt diese Erfahrung, möchte es aber in ihrer Demut nicht merken lassen.

Gnade der geistlichen Vermählung erweisen will, so holt er sie zunächst in diese seine Wohnung. Zwar glaube ich wohl, daß er sie bei den Ekstasen und in der Erfahrung, die man Gebet der Einung nennt, schon mit sich vereinte. Aber die Seele hatte dabei nicht, wie jetzt in dieser Wohnung, den Eindruck, in ihre Mitte gerufen zu werden, sondern in ihren höheren Teil. Doch sei dem, wie dem sei, hier geschieht nun etwas ganz Neues: Gott nimmt der Seele die Schuppen von den Augen und zeigt ihr in einer geistigen, bildlosen Vision wahrhaftig die göttliche Trinität: Alle drei Personen in einem Lodern der Liebe, das ihren Geist zunächst wie eine lichte Wolke überlagert. So macht die Seele die wunderbare Erfahrung, daß diese drei Personen verschieden und doch nur eine Wesenheit sind, eine Macht und ein Wissen und ein einziger Gott. Was wir durch den Glauben kennen, versteht hier die Seele, so dürfen wir sagen, in einer Schauung, wenn auch in keiner bildhaften: denn weder die Augen des Körpers noch die der Seele sind hier beteiligt. Alle drei göttlichen Personen teilen sich ihr mit, sprechen zu ihr und lassen sie die Worte des Evangeliums verstehen, mit denen der Herr sagte, er werde kommen mit dem Vater und dem Heiligen Geiste, um Wohnung zu nehmen in der Seele, die ihn liebt und seine Gebote hält (Joh 14, 23). (7 M 1, 1–7)

*

Diese drei Personen befanden sich, so schien es mir, in meiner Seele, und ich sah, wie sie sich allen Geschöpfen mitteilten, keines ausließen und doch mein Inneres nicht verließen. (CC 15)

*

Gott behüte, welch ein Unterschied besteht zwischen dem Glauben und der Erfahrung! Diejenige (Teresa), von der ich hier erzähle, gerät mit jedem Tag in größeres Staunen, daß die drei Personen der göttlichen Trinität sie nicht mehr verlassen, daß sie in ihrem Innern, im innersten Innern bleiben; sie spürt diese göttliche Gesellschaft in einer solchen Tiefe, daß sie nichts darüber zu sagen vermag, zumal sie keine Gelehrsamkeit besitzt. Ihr dürft mich aber nicht mißverstehen, als erfahre die Seele diese göttliche Gegenwart ständig in so voller Klarheit wie beim ersten Mal. Wäre dem so, könnte sie sich mit nichts anderem beschäftigen und kein normales Leben mehr führen. Aber wenn auch nicht mit voller Klarheit, ist ihr doch immer bewußt, daß sie sich in dieser Gesellschaft befindet. Es geht ihr wie jemandem, der sich mit mehreren in einem Zimmer aufhält, und man schließt die Fensterläden, so daß alle im Dunkeln bleiben. Wenn sie auch durch das fehlende Licht niemanden mehr sehen kann, weiß sie doch, daß sie sich noch in der Gesellschaft befindet. Bei diesem Gleichnis muß man allerdings fragen, ob es der Seele freisteht, das Licht nach ihrem Willen wieder einzulassen um zu sehen. Nein, das liegt nicht in ihrer Hand, sondern geschieht nur, wenn es dem Herrn gefällt, das Fenster ihrer Erkenntnis zu öffnen. Es ist ja schon barmherzig genug, daß er sie niemals mehr verläßt und dafür sorgt, daß sie dies sehr verständig verstehe. (7 M 1,8–11)

Die mystische Vermählung, von der wir hier sprechen, kann sich, so lange wir leben, nie so vollkommen erfüllen, daß es uns nicht noch möglich wäre, uns selbst von Gott zu trennen und damit alles zu verlieren. Darum erweist Gott der Seele zu Anfang die Gnade, daß er sich ihr in einer geistigen Vision in seiner heiligen Menschheit zeigt, damit sie alles gut verstehe und nicht in Unwissenheit bleibe über die größte aller Gaben. Denn darin unterscheidet sich die mystische Vermählung von der geistlichen Verlobung: Die geistliche Verlobung besteht in einem Wechsel von Vereinigungen und Trennungen; in der mystischen Vermählung dagegen bleiben Gott und die Seele immer im tiefsten Zentrum geeint.

Es könnte scheinen, als wolle ich hiermit sagen, die Seele sei ihres Heils mit dieser Gottesgnade gewiß und könne nicht mehr fallen. Ich sage nichts dergleichen. Wenn ich Aussagen mache, die so klingen, als befände sich die Seele in absoluter Sicherheit, so meine ich damit nur, so lange seine Majestät sie in seiner Hand hält und sie ihn nicht beleidigt. Ich weiß bestimmt, daß auch nach vielen Jahren die Seele sich nicht in Sicherheit wiegt, sondern daß vielmehr die Furcht in ihr wächst, Gott eine, wenn auch noch so geringfügige, Kränkung zufügen zu können. Auch ist ihr Wunsch, ihm zu dienen, so ungestüm, daß sie ständig darunter leidet, so wenig für ihn tun zu können in Anbetracht dessen, was sie für ihn tun möchte und sollte. Das ist kein kleines Kreuz, sondern harte Buße.

Man glaube nicht, daß in der Unio mystica die Seelenkräfte und Sinne und Leidenschaften immer in Frieden bleiben. Die Seele selbst dagegen, ihr Zentrum, ja. Es ist schwer, von diesem Zentrum unserer Seele oder unseres Geistes zu sprechen. Und ihr könntet versucht sein, meine Schwestern, mir nicht zu glauben, denn ich scheine mir ja zu widersprechen, indem ich sage, daß man in diesem Zentrum oder dieser mystischen Vermählung einerseits Mühen und Leiden hat, und andererseits die Seele ganz in ihrem Frieden verbleibt. (7 M 2, 1, 5, 12–14)

*

Ihr dürft auch nicht annehmen, daß der große Wunsch und feste Entschluß, bei sich selbst um keinen Preis mehr Verfehlungen oder gar Sünden zu dulden, diese ganz oder auch nur in hohem Maße ausschlössen. Gewiß begeht man sie nicht absichtlich, da man doch auch vom Herrn besondere Hilfen erhält – ich spreche hier sowieso von den läßlichen Sünden, nicht von den Todsünden, denn von letzteren ist man, sofern sie einem bewußt werden, frei. Sicher ist man allerdings auch vor ihnen nicht, und die Möglichkeit, ungewollt gesündigt zu haben, bedeutet keine kleine Qual.

Wir haben immer wieder gesehen, daß diejenigen, die Christus in ihrem Leben besonders nahe sind, auch die größten Leiden durchzumachen haben. Das erkennen wir ja schon am Beispiel seiner Mutter und der seligen Apostel. Was meint ihr, gab dem Paulus die Kraft, so große Leiden auf sich zu nehmen? An ihm können wir die wahren Wirkungen der Kontemplation und der Visionen erkennen, wenn unser Herr sie schenkt und sie keine Irreführungen des Teufels sind. Hat sich vielleicht Paulus mit seinen Gebetsgnaden verborgen, um sie zu genießen und sich für sonst nichts zu interessieren? Ihr wißt schon, daß er keinen Tag Ruhe hatte, soviel wir sehen können. Und selbst nachts mußte er arbeiten, um sich seinen Lebensunterhalt zu verdienen (7 M 4, 3–5)

*

Was diese (siebente) Wohnung von den vorhergehenden unterscheidet, ist folgendes: Es gibt fast nie mehr geistige Dürre und keine inneren Beunruhigungen, wie sie sonst den ganzen Weg begleiteten, sondern die Seele ist fast immer in Ruhe. (7 M 3, 10)

*

Diese Seelen empfangen die Ruhe in ihrem Innern nur, um sie im äußeren Leben um so weniger zu haben. (7 M 4, 11)

*

Alles, was der Herr hier für die Seele tut und was er sie lehrt, vollzieht sich in einem so lautlosen Schweigen, daß es mich an den Bau des Tempels Salomons erinnert, von dem nicht das geringste Geräusch zu hören war. So ist ja auch die siebente Wohnung ein Tempel Gottes, darin er und die Seele einander in tiefstem Schweigen liebend begegnen.

Mich wundert es, daß auf dieser Stufe die Ekstasen fast völlig aufhören. Und was früher Anlaß zu tiefer Andacht war, wie Bilder oder Predigten und dergleichen, hat kaum noch Bedeutung. Die Seele bewahrt wohl ihren Gleichmut entweder, weil sie im Herrn ihre Ruhe fand, oder weil sie in dieser Wohnung so viel erfuhr, daß ihr gar nichts mehr ungewöhnlich erscheint, oder weil sie aus ihrer Einsamkeit heraustrat: kurz, liebe Schwestern, ich kann es nicht erklären. (7 M 3, 11–12)

*

Ich sage euch, daß es diesen Seelen (in der siebenten Wohnung) nicht am Kreuz fehlt, aber es beunruhigt sie nicht und läßt sie nicht den Frieden verlieren. Die Leiden gehen schnell vorüber, wie eine Welle, wie ein scharfer Wind, gefolgt von Meeresstille. Das macht die Gegenwart des Herrn, in der rasch alles Widrige vergessen ist. Ihn mögen preisen alle Kreaturen in Ewigkeit, Amen. (7 M 3, 15)

*

Abschließend, meine Schwestern, möchte ich euch sagen: Wir wollen keine Türme bauen ohne Fundament, denn der Herr sieht nicht so sehr auf die Größe der Werke, sondern auf die Liebe, mit der sie vollbracht werden. Wenn wir tun, was in unseren Kräften steht, so wird der Herr uns von Tag zu Tag mehr Kraft geben, so daß wir nicht ermüden, sondern in unserem kurzen Leben – das vielleicht noch kürzer ist als wir denken – unserem Herrn das Opfer darbringen, zu dem wir fähig sind. Seine Majestät wird es dem Opfer vereinen, das er für uns am Kreuze dem Vater anbot. So erhält schon unser guter Wille seinen Wert, auch wenn wir nichts Großes vollbringen. (7 M 4, 18)

*

Manchmal muß ich an die Klage der Marta im Evangelium denken. Ich halte es für sicher, daß sie weniger ihrer Schwester galt als vielmehr dem Eindruck, daß Du, Herr, all ihre Mühe für Dich geringschätztest, und es Dir nichts bedeutete, sie bei Dir zu haben. Vermutlich kam es ihr vor, als liebest Du sie nicht wie ihre Schwester. Das mußte ihr schwerer fallen als alle Dienste, die sie Dir erwies, denn Arbeit für den, den wir so sehr lieben, ist uns wie Erholung. Man erkennt das daran, daß sie sich nicht an ihre Schwester wandte, sondern sich bei Dir, o Herr, beklagte, da die Liebe sie kühn machte.

Ich aber, Herr, stimme ich ein in die Klage dieser heiligen Frau? Oh, dazu habe ich nicht den geringsten Grund, denn mein Gott hat mir größere und stets wachsende Liebesbeweise gegeben, die alles übertreffen, was ich mir hätte wünschen oder vorstellen können. Ich beklage nur, wie lange Deine Güte mich schon ertragen mußte, sonst nichts. Um was sollte ich elendes Ding Dich bitten? Gib mir, Herr, daß ich Dir, wie der Heilige Augustinus, ein wenig von dem vielen zurückgeben kann, was ich Dir schulde: Gedenke, daß Du mich erschaffen hast und gib, daß ich Dich als meinen Schöpfer erkenne, um Dich zu lieben. (E 5)

## GEDICHT

*IHM schenk ich mein ganzes Streben,*
*alles, was ich bin, ist sein.*
*So ist mein Geliebter mein,*
*und ich bin ihm hingegeben.*

Ja, sein Pfeil hat mich gefunden,
und sein Lieben traf mein Leben.
Ewig bin ich so verbunden
meinem Schöpfer, daß daneben
andre Liebe ganz entschwunden,
er erfüllt mein ganzes Sein:
*So ist mein Geliebter mein,*
*und ich bin ihm hingegeben.*

(P. Mi Amado para mí)

# WERKE, MEINE TÖCHTER, WERKE

So wollen wir uns, Brüder, in Liebe gründen, wollen Wurzeln schlagen in ihr. Verwurzelt wie Bäume und dauerhaft in der Liebe Gottes gegründet, der uns zu seiner Wohnung und seinem Tempel macht. Auch in der Nächstenliebe wurzelnd als fruchttragender Baum mit heilsamen Blättern und nährenden Früchten.

*(Francisco de Osuna, S. 122)*

# MARTA UND MARIA

»Sein Zeichen über mir heißt Liebe« (Hld 2, 5). Die Nächsten- und Feindesliebe ist so gewachsen, daß man es nicht glauben würde, hätte man nicht die Erfahrung. Die Gottesliebe hat ein solches Übermaß erreicht, daß die menschliche Natur der Seele es kaum noch ertragen kann. Sie meint, ihre letzte Stunde sei gekommen und sagt: »Stärkt mich mit Blüten und erquickt mich mit Äpfeln, denn ich sterbe vor Liebe« (Hld 2, 6).

O welch göttliche Sprache steht mir hier zur Verfügung! Was für Blüten mögen das sein: sie duften anders als irdische Blumen. Ich verstehe darunter Werke im Dienste Gottes und des Nächsten. Wenn die Seele hier auch um des aktiven Lebens willen weitgehend auf das kontemplative verzichtet, und darum die Erhörung ihrer Bitte einen Verlust für sie bedeutet, bleiben doch auf dieser Stufe Marta und Maria fast immer beisammen. Denn im äußeren Werk wirkt das innere, und wenn das tätige Leben aus dieser kontemplativen Wurzel erwächst, sind seine Werke wie wundervolle und duftende Blüten. Denn sie erblühen am Baume der Liebe Gottes ganz ohne Eigennutz nur um seinetwillen, und ihr Duft breitet sich aus zum Wohle vieler. Es ist ein starker Duft, der lange anhält und große Wirkung tut. (MC 6, 14; MC 7, 1, 3)

*

Dahin, meine Töchter, führt das innere Gebet, und dazu dient auch die geistliche Vermählung, daß daraus Werke geboren werden, Werke! (7 M 4, 6)

*

Die erste Wirkung der geistlichen Vermählung ist, wenn ich es recht verstehe, eine solche Selbstvergessenheit, daß es scheint, als sei die Seele gar nicht mehr. Sie denkt nicht mehr daran, daß es für sie einen Himmel geben könnte oder ein Leben oder Ehre; sie sucht nur noch die Ehre Gottes, so daß sich jetzt wohl die Worte seiner Majestät erfüllen: wenn sie sich um seine Angelegenheiten kümmere, würde er für die ihren sorgen.

Und so macht sie sich um nichts Sorgen, sondern lebt in der schon genannten einzigartigen Selbstvergessenheit, so daß es, wie ich schon sagte, scheint, als sei sie nicht, noch wolle sie in irgendeiner Weise irgendetwas sein, außer sie könne damit beitragen zur größeren Ehre und Verherrlichung Gottes, wofür sie gern ihr Leben geben würde.

(7 M, 2, 1 und 3, 1)

*

Wir müssen das Gebet suchen und uns darum bemühen, nicht um es zu genießen, sondern um Kraft zum Dienen zu bekommen. Ich habe euch aber auch schon gewarnt, daß der Teufel uns manchmal verführt, uns Gewaltiges vorzunehmen, damit wir im Wollen des Unmöglichen die einfachen Dienste des Alltags unterlassen. Abgesehen von eurem hilfreichen Gebet solltet ihr nicht gleich der ganzen Welt dienen wollen, sondern denen, die mit euch zusammen leben. Ihr tut so das größere Werk, da ihr ihnen verpflichtet seid. (7 M, 4, 14 und 17)

*

Aus dieser innersten Wohnung sendet der Herr euch manchmal eine Botschaft oder ein liebevolles Brieflein, dessen Schrift und Inhalt nur ihr selbst verstehen könnt. Versäumt auf keinen Fall, seiner Majestät zu antworten, wie beschäftigt ihr auch äußerlich sein mögt, selbst mitten im Gespräch mit anderen Menschen. Denn unser Herr macht uns diese geheimen Mitteilungen gern, wenn wir nicht allein sind und mitten im Alltag stecken. Es ist auch

*Blühende Agave*

nicht schwer, ihm innerlich mit unserer Liebe zu erwidern und mit dem Apostel Paulus zu sprechen: »Was wünschst du, Herr, das ich tue?« (Apg 9, 6) Er wird euch auf viele Arten lehren, womit ihr ihn erfreuen könnt. (7 M, 3, 9)

*

Ich bin weder willens noch fähig, hier unumstößliche Regeln für das Gebet aufzustellen, das wäre in einer so schwierigen Materie auch wenig sinnvoll. Da aber der geistliche Weg ein vielverzweigter ist, kann ich hier und da vielleicht doch etwas Treffendes beitragen. Wenn manche, die sich auf solchem Weg befinden, es nicht verstehen, so liegt das daran, daß sie eine der anderen Verzweigungen gewählt haben, und wenn ich niemandem damit nützlich sein kann, möge der Herr auf meinen guten Willen sehen. Er weiß ja auch, daß ich nicht alles, wovon ich spreche, selbst erfahren habe, sondern es bei anderen beobachtete.

Zunächst möchte ich, so gut ich es eben vermag, vom Wesen des vollkommenen Gebetes sprechen. Ich bin einigen begegnet, die meinen, hier sei schon alles mit Denken getan, und wenn sie dieses mit großer Anstrengung auf Gott gerichtet hielten, seien sie bereits geistliche Menschen. Ich möchte dagegen zeigen, daß die Seele weder mit den Gedanken identisch ist, noch daß der Wille von ihnen beherrscht wird, was ihm auch sehr schlecht bekommen würde. Das heißt, der Fortschritt der Seele besteht nicht im vielen Denken, sondern im vielen Lieben.

Wie aber gelangt man zu dieser Liebe? Indem man sich entschließt, tätig zu sein und zu leiden, und zwar bei jeder sich bietenden Gelegenheit. Es ist richtig, daß wir uns vor Augen halten sollen, wer der Herr ist und wer wir sind, da dies der Seele zur Entschlossenheit verhilft und für Anfänger verdienstvoll und nützlich ist. Aber nur, solange nicht der Dienst am Nächsten anderes fordert. Wenn Pflicht und Liebe es verlangen, müssen wir die für Gott reservierte Zeit opfern, während der wir in der Stille an ihn denken und uns an den inneren Erfahrungen freuen wollten, die er uns schenkt. Darauf zu verzichten im eben genannten Sinne, heißt ihn erfreuen und ihm dienen. Wie doch der Herr selbst sagte: »Was ihr einem meiner geringsten Brüder getan habt, das habt ihr mir getan« (Mt 25,40). Hier ist unserem Gehorsam der Weg gezeigt, von dem wir nicht abweichen sollten.

Wenn das aber wahr ist, woher dann die Unlust und die Unzufriedenheit, wenn wir nicht fast den ganzen Tag in gotterfüllter Abgeschiedenheit verbringen konnten, sondern anderes zu tun hatten? Meines Erachtens gibt es dafür zwei Gründe: Der erste und wichtigste ist, daß hier eine sehr subtile Eigenliebe hineinspielt, die uns hindert zu erkennen, daß wir mehr uns selbst als Gott erfreuen wollen. Der andere Grund für diese Unlust scheint mir zu sein, daß wir meinen, in der Einsamkeit weniger Gelegenheit zu haben, Gott zu beleidigen. Aber es wäre doch ein starkes Stück, wenn uns Gott klar zu verstehen gibt, daß wir praktisch etwas Wichtiges für ihn tun sollen, und wir wollten nur immer in seiner Anschauung verweilen, weil dies nach unserem Herzen ist. Das wäre mir eine schöne Gottesliebe, wenn man ihm die Hände binden wollte, damit er uns nur auf dem selbstgewählten Weg voranbringe!

Ich will jetzt nicht von mir sprechen, aber ich bin Menschen begegnet, die mir zunächst leid taten, weil sie so wenig Zeit hatten und immer mit Aufgaben überlastet waren, die ihnen die Pflichterfüllung gebot. Ich dachte damals, daß sie bei soviel Unruhe keinen geistlichen Fortschritt machen könnten, und sie standen auch damals noch recht am Anfang. O Herr, wie verschieden sind Deine Wege von unseren plumpen Vorstellungen! Von dem, der Dich mit ganzer Seele liebt und sich in Deine Hände gegeben hat, verlangst Du nichts anderes, als daß er Dir gehorche und den Dienst erkenne und wünsche, den Du verlangst. So habe ich kürzlich einen Ordensmann gesprochen, der seit 15 Jahren so mit Ämtern und Pflichten überhäuft war, daß er sich nicht erinnern konnte, je einen Tag für sich selbst gehabt zu haben, wenn er sich auch stets gewissenhaft bemühte, einige Zeit für das Gebet zu erübrigen. Er ist einer der pflichtgetreuesten Menschen, denen ich je begegnet bin, und der Herr hat ihn wohl belohnt. Denn dieser Ordensmann war, ohne zu wissen wie, zu jener kostbaren und erwünschten Geistesfreiheit gelangt, die Kennzeichen der Vollkommenen ist. Er war so glücklich, wie man es in diesem Leben nur sein kann, denn da er nichts wünschte, besaß er alles. Wer zu diesem Gipfel gelangt ist, fürchtet und erwartet nichts, Leiden und Freuden bringen ihn nicht aus dem Gleichgewicht. Kurz, niemand kann ihm seinen Frieden rauben, der allein von Gott abhängt, von dem ihn niemand trennen kann.

Nicht nur an diesem Mann habe ich das erlebt, sondern auch an den anderen Personen, die ich viele Jahre nicht gesehen hatte. Als ich ihnen wieder begegnete und sie fragte, wie es ihnen ergangen sei, zeigte sich, daß sie all die Jahre mit nichts anderem als Pflichterfüllung und Werken der Nächstenliebe verbracht hatten. Dabei sah ich sie im Geistlichen darart vorangeschritten, daß es mich verblüffte. Darum auf, meine Töchter, verzagt nicht! Wenn euch der Gehorsasm viele äußere Verrichtungen auferlegt, etwa in der Küche, so wißt: inmitten der Töpfe ist der Herr zugegen, um euch innerlich und äußerlich beizustehen. Ich möchte noch einmal betonen, Schwestern, daß der Mangel an äußerer Ruhe die Unio mystica keineswegs hindert, ist sie doch Einswerden mit dem Willen Gottes. Dieses ist die Vereinigung, die ich euch allen wünsche, nicht die hingerissenen Verzückungen, die man auch mit dem Namen Unio belegt hat. (F 5, 1–13)

*

O mein Jesus, so groß ist Deine Liebe zu den Menschenkindern, daß man Dir den größten Dienst erweist, wenn man sich nicht Dir, sondern ihnen zuwendet, denn dann ist man Dir am tiefsten verbunden. So lange wir in diesem sterblichen Leibe leben, sind alle Freuden der Erde, selbst wenn sie von Dir geschenkt scheinen, zweifelhaft, werden sie nicht von der Liebe zum Nächsten begleitet. Wer den Nächsten nicht liebt, liebt auch Dich nicht, mein Herr, der Du mit deinem Blute die große Liebe zu uns Adamskindern bezeugt hast. (E 2)

# ERSTE KLOSTERGRÜNDUNG

Es schmerzt mich immer, so viele Seelen verloren zu sehen, und besonders der Gedanke an die Indios setzt mir zu. Der Herr erleuchte sie! Es gibt ja hüben wie drüben so viel inneres Elend, und da ich doch viel herumkomme und mit vielen Menschen spreche, bin ich manchmal ganz fassungslos. Wir sind ja dümmer als das liebe Vieh, wenn wir die hohe Würde unserer Seele nicht erkennen und sie erniedrigen, indem wir wertlosen irdischen Dingen nachjagen. Der Herr erleuchte uns! (Cta 24, 20)

*

Ich fühlte, ich würde tausendmal mein Leben geben zur Rettung einer einzigen Seele unter den vielen, die ich verloren sah. Doch als Weib, und kein gutes, und obendrein im Dienste des Herrn auf der ganzen Linie behindert, beschloß ich, das Wenige zu tun, das mir möglich ist, nämlich den evangelischen Räten nach bestem Vermögen zu folgen und auch die paar Nonnen hier zu Gleichem zu bewegen. Ich vertraute der Güte Gottes, der immer dem helfen wird, der bereit ist, für ihn alles zu verlassen. (CE 1, 2)

*

Ich erkenne wohl, daß ich sehr schlecht war, aber ich bemühte mich doch, Gott zu dienen. Als ich nun darüber nachdachte, was ich für ihn tun könne, kam mir in den Sinn, daß seine Majestät mich in den Orden geschickt hatte, um dessen Regel mit größter Vollkommenheit zu befolgen. Das Haus, in dem ich lebte, war nicht auf die alte Strenge gegründet, so wie ja auch der ganze Orden dem päpstlichen

Milderungserlaß (von 1432) folgte. Das schien mir nicht gut, obwohl ich mich in dem schönen großen Haus sehr wohlfühlte.

Eines Tages kam das Gespräch darauf, ob wir nicht nach Art der Barfüßer-Nonnen (Descalzas, Clarissinnen) leben und dafür ein Kloster gründen sollten. Ich trug mich mit diesem Gedanken schon eine Weile.

Da geschah es eines Tages nach der Kommunion, daß mir seine Majestät befahl, diesen Plan mit allen Kräften voranzutreiben. Die Vision war so beeindruckend und der Herr sprach zu mir in einer Weise, daß ich keiner Täuschung erliegen konnte.

Kaum hatten wir begonnen, unseren Plan in die Tat umzusetzen, als eine ganz unbeschreibliche Verfolgung über uns kam: Man redete, lachte, bezeichnete das Ganze als Unsinn, und was mich anbetraf, so sollte ich nur schön in meinem Kloster bleiben! Seine Majestät tröstete und ermutigte mich. Er sagte mir, ich könne daran sehen, wie es den heiligen Ordensgründern ergangen sei, und daß ich noch mehr Verfolgung erleiden müsse, als ich mir überhaupt vorstellen könne. Mir fiel es besonders schwer, daß auch unser Provinzial sich gegen mich stellte. Denn hätte er meinen Plan bejaht, wäre ich vor allen gerechtfertigt gewesen. Dennoch schien es mir unmöglich, von dem Unternehmen abzulassen, so fest glaubte ich an die Offenbarung, die der Herr mir zuteil werden ließ, da sie weder der Heiligen Schrift noch den Geboten der Kirche widersprach. Unter unablässigem Beten war die Sache bald soweit gediehen, daß ich ein gut gelegenes, wenn auch nur kleines Haus kaufen konnte. (V 32, 7, 9, 11, 12, 14, 15, 17, 20)

*

(Aber bald geriet durch neue Schwierigkeiten alles ins Stocken): Man versicherte mir, das alles sei nur unsinniger Weiberkram, und das Gerede über mich nahm zu. In meinem ganzen Kloster war ich unbeliebt, weil ich eine strengere Klausur einführen wollte. Einige hätten mich gern ins

Gefängnis geworfen. Nur ganz wenige sprachen zu meinen Gunsten.

Der Teufel sorgte dafür, daß bekannt wurde, daß ich in dieser Angelegenheit eine Vision gehabt hatte. Und nun kamen einige, um mich voller Angst zu warnen, daß man mich bei der Inquisition anzeigen könnte. Das fand ich komisch, denn ich war in dieser Hinsicht niemals ängstlich gewesen, da ich meinen Glauben kannte und wußte, daß ich für die kleinste Zeremonie dieser Kirche, für sie selbst und für eine jede Wahrheit der Heiligen Schrift gern tausend Tode gestorben wäre.

Wir kamen überein, die Sache geheim weiter zu betreiben. Die ganze Last lag allein auf meinen Schultern: Die Beschaffung des Geldes, die Berechnungen, die Aufträge an die Handwerker und was hier sonst noch alles aufzuzählen wäre, so daß ich manchmal verzagt war und meinte, nicht weiter zu können. Ich sagte dann betrübt: »Mein Herr, warum trägst Du mir schier Unmögliches auf? Ich bin doch nur eine Frau, aber hätte ich Freiheit! So jedoch, von allen Seiten eingeengt und gebunden, ohne Geld oder eine Möglichkeit, es zu beschaffen, ohne Vollmacht (Breve), überhaupt ohne alles, was kann ich denn machen, Herr?« (V 33, 2, 5, 6, 12)

*

(Es gibt neue Schwierigkeiten): Ich begab mich zu Gott und sprach zu ihm: »Herr, dieses Haus gehört nicht mir, für Dich wurde es errichtet. Wenn nun niemand mehr etwas dafür tun will, möge doch Deine Majestät sich seiner annehmen.« Danach war ich so ruhig und gelassen, als arbeite die ganze Welt für mich, und ich war sicher, daß der Plan verwirklicht würde. (V 36, 17)

*

Alles geschah in großer Heimlichkeit, denn anders wäre es bei der negativen Einstellung meiner Umwelt nicht möglich gewesen. Der Herr fügte es, daß mein Schwager, der das Haus allein bewohnte, krank wurde, und ich ihn pflegen kommen mußte. Und so merkte man nichts, wenn auch einige etwas ahnen mochten, dem aber nicht glauben wollten. Es war einfach unglaublich, denn er war nicht länger krank, als es notwendig war, um alles zu organisieren. Sobald ich fertig war, und mein Schwager das Haus wieder hätte verlassen müssen, gab ihm der Herr die Gesundheit zurück, worüber er nicht wenig staunte.

Als alles gerichtet war, gefiel es dem Herrn, daß am Tage des Heiligen Bartholomäus einige Kandidatinnen das Ordensgewand erhielten, und das Heilige Sakrament eingesetzt wurde. So war denn das Kloster unseres seligen und Heiligen Vater Josef im Jahre 1562 rechtmäßig gegründet. Ich selbst übergab die Ordenskleider und hatte zwei Nonnen aus unserem alten Kloster als Zeuginnen. Ich befand mich wie im siebenten Himmel, als ich das Heilige Sakrament eingesetzt sah und vier arme Waisen aufgenommen hatte, die keine Aussteuer mitbrachten, aber große Dienerinnen Gottes waren. Ich verlangte von Anfang an, daß nur solche in das Kloster eintraten, die ein Beispiel geben konnten für die große christliche Vollkommenheit und das Gebetsleben, das wir erstrebten. (V 36, 3)

*

Wir halten die Regel unserer Lieben Frau vom Berge Karmel ganz ohne Milderung, so wie sie Fray Hugo, Kardinal von St. Sabina, im Jahre 1248 angeordnet hat, im fünften Jahre des Pontifikats des Papstes Innozenz IV.
(V 36, 27)

# JOHANNES VOM KREUZ
# UNTERWEGS, UNTERWEGS

Ich verstand sehr wohl, daß ein so machtloses Weiblein wie ich nichts ausrichten könne. Andererseits hat die Seele nicht das Recht, bestimmte Wünsche, Gott zu dienen, abzuweisen. Die Liebe, die ihn erfreuen möchte, und der Glaube machen möglich, was die Natur verweigert. Und da ich unseren Ordensgeneral entschlossen sah, mir weitere Klostergründungen zu ermöglichen, schienen sie mir schon vollbracht.

Einerseits durch die Erlaubnis getröstet, wuchs doch andererseits meine Sorge, denn ich kannte in der ganzen Provinz weder einen Mönch noch einen Weltgeistlichen, der zur Ausführung dieses Werkes geeignet gewesen wäre. So blieb mir nur übrig, den Herrn zu bitten, er möge mir doch eine Person zu solchem Zwecke erwecken. Auch hatte ich weder ein Haus noch Mittel, eines zu kaufen. Da saß nun ich arme unbeschuhte Nonne, die von keiner Seite Hilfe zu erwarten hatte, es sei denn vom Herrn; die mit Vollmachten und guten Absichten bestens ausgerüstet war und doch keinerlei Möglichkeit hatte, sie ins Werk zu setzen. Ich verlor aber weder Mut noch Hoffnung, denn was der Herr begonnen hatte, das würde er auch fortführen. Und da mir nun alles möglich schien, machte ich mich ans Werk. O Größe Gottes, wie zeigst du deine Macht, wenn du einer Ameise Kühnheit verleihst!

(F 2, 4, 6–7)

*

Bald darauf kam hier ein junger Pater an, der in Salamanca studierte. Er hatte einen Begleiter, der mir Großes vom Leben dieses Paters berichtete, der Johannes vom

Kreuz (Juan de la Cruz) hieß. Ich pries den Herrn, denn im Gespräch gefiel er mir sehr gut, und ich erfuhr, daß er zu den Kartäusern überwechseln wolle. Ich erzählte ihm von meinem Vorhaben und bat ihn sehr, daß er doch warten möge, bis wir mit Hilfe des Herrn dieses Kloster gegründet hätten. Und ich stellte ihm vor, daß er, wenn er ein strengeres Leben suche, dem Herrn viel besser dienen könne, wenn er im eigenen Orden verbleibe. Er gab mir sein Wort, meinem Rat zu folgen, sofern sich alles bald in die Tat umsetzen ließe. Als ich sah, daß ich zwei Mönche hatte um zu beginnen, schien mir das Werk schon vollbracht. (F 3, 17)

*

Für die Qualitäten des Paters Johannes vom Kreuz bedurfte es keiner Beweise. Denn wenn er auch den feinen Habit der Beschuhten Karmeliten trug, war doch sein Mönchsleben von großer Vollkommenheit.

Ich reiste mit ihm zur Klostergründung nach Valladolid, und da wir uns für die Verhandlungen einige Tage außerhalb der Klausur aufhalten mußten, hatte ich Gelegenheit, den Pater Johannes vom Kreuz über unsere Vorstellungen vom Ordensleben genau zu informieren. Er verstand alles so gut, daß ich mehr von ihm lernen konnte als er von mir. (F 13,1 und 5)

*

(Die Gründung des Männerklosters in Duruelo 1568): Als ich die Einwilligung der beiden Provinziale hatte, meinte ich, nun fehle nichts mehr. Wir sandten den Pater Johannes vom Kreuz in das Haus, damit er es zum Bewohnen einrichte, und zwar so schnell wie möglich, denn ich fürchtete immer, es könne noch etwas dazwischen kommen. Doch alles lief nach Wunsch. Einer der Patres (Antonio) kam dann nach Valladolid, um mir zu berichten, wie glücklich sie seien, und was sie schon an Mobiliar herbeigeschafft hätten. Das war allerdings herzlich wenig. Es erheiterte mich sehr, als ich hörte, daß sie eigentlich nichts anderes besaßen als fünf Uhren, auf die sie größten Wert legten, um das Stundengebet pünktlich einhalten zu können. Ich glaube, sie hatten nicht einmal ein Lager zum Schlafen. Als der vergnügteste Mann der Welt kehrte der Pater Antonio in das armselige Häuschen zurück, wo ihn Pater Johannes vom Kreuz schon erwartete. Ich habe immer wieder gesehen, daß der Geist sich besser entfaltet und die innere Freude größer ist, wenn es an äußeren Bequemlichkeiten fehlt. Was nützt denn auch ein großes Haus? Wir bewohnen darin ja doch nur eine Zelle. Und was nützt uns deren Größe und schöne Ausschmückung? Wir leben doch nicht darin, um die Wände zu betrachten, sondern um zu bedenken, daß wir hier nicht für immer wohnen, sondern nur für die kurze Zeit unseres Lebens, wie lang es auch sein möge. Dann wird uns alles leicht fallen, weil wir wissen, daß uns die Ewigkeit in Fülle schenken wird, was uns hier fehlt, denn dort entsprechen die Wohnungen der Liebe, mit der wir unserem Herrn Jesus Christus nachfolgten.

(F 14, 1, 2, 3, 5)

*

Es kommt mir wirklich ein wenig komisch vor, meine Tochter, daß Sie sich beklagen, obwohl Sie den Pater Johannes vom Kreuz bei sich haben. Er ist ein ganz vortrefflicher und heiliger Mann. Sie können mir glauben, liebe Tochter, seit er zu Ihnen (nach Andalusien) ging, habe ich hier in Kastilien keinen gefunden, der ihm gleichkäme und eine so glühende Inbrunst für den geistlichen Weg zu wekken vermag. Sie glauben gar nicht, wie einsam ich mich fühle, seit er fort ist. Erkennen Sie bitte, welch großer Schatz Ihnen in diesem Heiligen geschenkt ist! Alle Nonnen Ihres Klosters sollen sich ihm anvertrauen und ihre inneren Dinge mit ihm besprechen, dann werden sie geistig und geistlich große Fortschritte machen. Denn unser Herr hat ihn als Seelenführer ganz besonders begnadet.

(Cta 261, Brief an Ana de Jesús, Avila, Mitte November 1578)

*

Meine Tochter! Ich werde versuchen, den Pater Johannes vom Kreuz zu Ihnen zu senden. Bedenken Sie: in ihm komme ich selbst. Öffnen Sie ihm Ihre Seelen, lassen Sie alle sich von ihm trösten und stärken. Denn er ist ein Mensch, dem Gott seinen Geist verliehen hat.

(Cta 304, Brief an Priorin von Caravaca, Malagón, 13. Januar 1580)

*

(Gründung Salamanca 1570):

Das Haus (in Salamanca), das vorher Studenten bewohnt hatten, war sehr groß, verwohnt, und hatte viele Nebenräume, so daß meine Gefährtin die Studenten nicht aus dem Kopf bekam. Sie fürchtete, aus Ärger über ihre Vertreibung aus dem Hause könnten sie sich darin versteckt haben. Wir schlossen uns darum in das Zimmer ein, in dem ich hatte Stroh aufschütten lassen, was immer das erste war, wenn ich ein Kloster gründen wollte, denn so fehlte uns nie ein Lager. Wir schliefen diese Nacht unter zwei geliehenen Decken, und am nächsten Tag sandten uns die Nonnen des benachbarten Klosters, von denen wir meinten, sie sähen uns nicht gern, Kleidung für die Mitschwestern, die noch kommen sollten und auch sonstige Gaben. (F 19, 4)

*

(Gründung Sevilla 1575):

Wir beeilten uns sehr und trafen in Sevilla am Donnerstag vor dem Dreifaltigskeitsfest ein. Unterwegs hatte uns die gewaltige Hitze zugesetzt, denn wenn wir auch mittags die Reise unterbrachen, brannte die Sonne doch derart auf die Wagen, daß man beim Einsteigen meinte, man komme ins Fegefeuer. So dachten wir bald an die Hölle, bald aber freuten wir uns auch, daß es etwas für Gott zu leiden gab. Daher waren die Schwestern auf der Reise ganz froh und heiter.

Am Tage vor Pfingsten bekamen sie allerdings einen gewaltigen Schrecken, denn ich lag plötzlich mit hohem Fieber. Ich glaube, daß sie Gott mit ihrem Rufen mächtig zusetzten, denn noch nie wurde ich von einer so schweren fieberhaften Erkrankung so schnell geheilt. Sie war so schlimm gewesen, daß ich bewußtlos schien und man mir Wasser ins Gesicht spritzte, was aber bei der Sonnenhitze wenig erfrischte. Ich kann euch nicht verschweigen, daß wir für einen solchen Fall einfach fürchterlich untergebracht waren. Man hatte uns ein fensterloses Kämmerchen unter rohen Dachziegeln gegeben, und wenn man die Tür öffnete, wurde alles von der Sonne erfüllt, die hier nicht ist wie in Kastilien, sondern sehr unangenehm. Auch war mein Bett so schlecht, daß ich mich lieber auf dem Fußboden ausgestreckt hätte. Es war schief und höckerig, als läge ich auf spitzen Steinen. Es ist doch schlimm, wenn man krank ist, denn gesund hätte sich das alles ja leicht ertragen lassen. Kurz, ich hielt es für besser, aufzustehen und weiterzuziehen, denn ich fand, im Freien sei die Sonne besser auszuhalten als in dieser Kammer.

Viel Schlimmeres als das Erzählte stieß uns am Tage nach dem Pfingstfest zu. Wir beeilten uns sehr, um am Morgen rechtzeitig zur Eucharistiefeier in Córdoba zu sein, und wir wollten nicht gesehen werden. Unser Ziel war eine Kirche jenseits der Brücke, der einsameren Lage wegen. Wir stiegen also bei der Kirche aus. Und wenn man auch unsere Gesichter nicht sehen konnte, weil wir in der Öffentlichkeit immer den großen Schleier trugen, genügte es, uns mit diesen Schleiern und den groben weißen Mänteln und Strohsandalen zu sehen, um alles in Aufregung zu versetzen. Bei dem großen Schrecken verging mir ganz das Fieber. Denn die Leute lärmten bei unserem Anblick wie beim Stierkampf, wenn die Stiere die Arena betreten.

(F 24, 6–8, 13–14)

## DER »STURM« IM ORDEN

Sevilla, Ende Januar 1576

An den Ordensgeneral P. Juan Bautista Rubeo, Cremona.

Die Gnade des Heiligen Geistes sei immer mit Euer Wohlehrwürden, Amen.

Ich habe Ihnen schon von der Ernennung des P. Gracián durch den päpstlichen Nuntius geschrieben und daß dieser ihn jetzt zu sich rufen ließ. Sie werden daher wissen, daß man ihn wieder beauftragte, sowohl die Beschuhten wie die Unbeschuhten Karmeliten zu visitieren, und daß man ihn zudem zum Provinzial für Andalusien machte. Ich weiß ganz sicher, daß der P. Gracián sich mit Händen und Füßen gesträubt hat (wenn man das auch nicht sagt, ist es doch so), und daß auch sein Bruder, der königliche Sekretär dagegen war, denn es ist vorauszusehen, daß sich daraus große Unannehmlichkeiten ergeben werden. Da es aber nun einmal geschehen ist, wäre es gut gewesen, wenn mir die beschuhten Patres Glauben geschenkt und alles still wie unter Brüdern abgemacht hätten. Ich habe mich jedenfalls darum nach Kräften bemüht.

Ich mache ja auch immer gern aus der Not eine Tugend, wie man so sagt, und darum hätte ich es gut gefunden, wenn die Beschuhten Patres sich, ehe sie Widerstand leisteten, überlegt hätten, ob sie damit auch durchkommen würden. Andererseits kann ich auch verstehen, daß sie genug haben von all den Visitationen und Neuerungen, die um unserer Sünden willen nun schon über Jahre gehen. Gebe Gott, daß wir fähig sind, die jetzige Situation recht zu nutzen, denn seine Majestät hat uns ja ganz schön aufgerüttelt. Und ich hoffe zu IHM, daß Sie den Pater Gracián so unterstützen, daß er Ihr Wohlwollen spürt, dann wird noch alles gut werden. Er wird Ihnen schreiben und bestätigen, was ich sage. Er möchte Ihnen keinerlei Ärger bereiten, sondern sich als Euer Wohlehrwürden gehorsamer Sohn erweisen.

Ich habe auch den Beschluß des Generalkapitels vernommen, daß ich in einem einmal gewählten Kloster verbleiben solle. Der P. Angel de Salazar* sandte es hier an den Prior Ulloa (in Sevilla), damit er es mir mitteile. Ich erwartete diese Nachricht, die ich von anderer Seite schon erfahren hatte, seit einem Monat.

Ich kann Ihnen versichern, daß es mir eine Freude und Erleichterung gewesen wäre, wenn Sie selbst mir den Befehl brieflich übermittelt hätten. So hätte ich erkannt, daß Sie wissen, was ich, die ich nur geringe Leiden ertrage, mit diesen Klostergründungen durchmachen mußte, und daß Sie mir nun zum Lohn ein wenig Ruhe verschaffen wollen. Aber auch noch auf diesem Wege, den der Befehl genommen hat, ist mir die (erzwungene) Ruhe ein rechter Trost.

Bei der großen Liebe zu Euer Wohlehrwürden konnte ich es – empfindlich wie ich bin – doch nicht verhindern, daß ich gekränkt war, weil man mich bei der Übermittlung wie eine höchst Ungehorsame behandelte und der P. Angel alles in der Hauptstadt verbreiten konnte, ehe ich überhaupt davon erfuhr.

Ich möchte auch hervorheben, daß ich mich selbst mit allen Gründungsvollmachten niemals auf Reisen begab ohne die ausdrückliche und schriftliche Erlaubnis des geistlichen Vorgesetzten. So gab mir der P. Angel die Genehmigung für Beas und Caravaca, und der P. Gracián für Sevilla. Dennoch hat nun der P. Angel behauptet, ich sei eine Abtrünnige geworden und deshalb exkommuniziert. Gott verzeihe ihm!

Die hiesigen Töchter und Untergebenen Eurer Paternität bitten um ihren Segen, ich schließe mich an.

(Cta 98)

Teresa de Jesús.

*

* Damals Provinzial von Kastilien. Vgl. Kurzbiographie.

Als ich im Gebet darüber nachdachte, ob nicht jene recht hätten, die es für schlecht halten, daß ich ausziehe um Klöster zu gründen, und es besser fänden, wenn ich meine Zeit immer im Gebet verbringen würde, hörte ich in mir sagen: »Solange man lebt, besteht das Verdienst nicht darin, daß man sich überlegt, wie man mir noch mehr gefallen könne, sondern daß man meinen Willen tut.« Nun meinte ich aber, es sei Gottes Wille, was der Apostel Paulus sagt über die Zurückgezogenheit der Frauen, ich hatte dieses Wort gerade kürzlich gehört. Da sprach aber der Herr zu mir: »Sag ihnen, daß sie nicht eine einzelne Schriftstelle verabsolutieren, sondern weitere in Betracht ziehen sollen, und daß sie nur nicht meinen, sie könnten mir die Hände binden.« (CC 16)

*

Avila, 21. August 1578

An den Pater Jerónimo Gracián, Madrid.

Ich muß immer daran denken, was sie mit dem Pater Johannes vom Kreuz gemacht haben, und ich verstehe nicht, wie Gott so etwas zulassen kann. Sie, mein Pater, wissen noch nicht alles: Neun Monate verbrachte er in einem Gefängnis, in dem er, so klein er auch ist, nicht einmal aufrecht stehen konnte. Und in all der Zeit hat man ihm kein frisches Hemd gegeben, obwohl er todkrank war. Erst drei Tage vor seiner Flucht gab ihm der Subprior ein Hemd zusammen mit scharfen Geißelhieben. In all den Monaten hat ihn niemand besucht. Ich beneide ihn sehr, daß ihn der Herr eines solchen Martyriums würdigte! Doch sollte es bekannt werden, damit man sich vor diesen Leuten in acht nimmt. Gott verzeihe ihnen, Amen. (Cta 246)

*

Avila, den 4. Dezember 1577

An König Philipp II., Madrid

Die Gnade des Heiligen Geistes sei immer mit Eurer Majestät, Amen. Ich war stets des festen Glaubens, daß unsere Liebe Frau sich Eurer Majestät zum Schutze und zur Unterstützung ihres Ordens bedient. Darum wende ich mich jetzt an Eure Majestät. Bitte verzeihen Sie mir meine Kühnheit um der Liebe des Herrn willen.

Eure Majestät werden wissen, daß die Nonnen des Klosters von der Menschwerdung in Avila mich gern dort gehabt hätten, da sie hofften, dadurch von den beschuhten Brüdern frei zu werden, die der Kontemplation und Religiosität, die wir erstreben, ein Hindernis sind. Sie sind ja Schuld an dem spirituellen Niedergang in diesem Hause. Aber die Nonnen irren sich, denn solange sie den Beschuhten als Beichtvätern und Visitatoren unterstellt sind, hilft es gar nichts, daß ich dorthin gehe, zumindest, so lange dieser Zustand dauert. Das sagte ich auch immer dem dominikanischen Visitator, der das sehr wohl verstand.

Um wenigstens etwas Abhilfe zu schaffen, ließ ich einen unbeschuhten Karmeliten (Johannes vom Kreuz) kommen und dort wohnen. Er ist ein großer Diener des Herrn, der, mit noch einem Gefährten, sehr gut für die spirituelle Führung der Nonnen ist. Die ganze Stadt staunt über sein außerordentlich segensreiches Wirken. Man hält ihn für einen Heiligen, und meiner Meinung nach ist er das auch und war es schon sein Leben lang.

Jetzt aber ist einer der Beschuhten (Hernando Maldonado, Prior in Toledo) in das Kloster gekommen, der den Nonnen das Leben schwer macht, ganz ohne Ordnung und Gerechtigkeit. Sie sind darum sehr betrübt und wieder in die alten Schwächen zurückgefallen, von denen ich sprach.

Vor allem aber hat dieser Mönch ihnen die beiden Unbeschuhten Beichtväter genommen: er hält sie in seinem Kloster gefangen! Zugleich ließ er ihre Zellen aufbrechen und konfiszierte alle ihre Schriften. Es heißt, dieser Mann sei Generalvikar geworden, und er muß sich dafür auch wirklich eignen, denn er versteht es wie kein zweiter, Märtyrer zu schaffen. Die ganze Stadt ist empört, ist doch dieser Mann weder unser Ordensoberer noch besitzt er eine Vollmacht, die er haben müßte, weil unsere Klöster direkt dem apostolischen Kommissar (dem P. Pedro Fernández) unterstellt sind. Wie kann dieser Mönch es wagen, derartig seine Befugnisse zu überschreiten in einer Stadt, die der Residenz Eurer Majestät so nahe ist? Doch scheinen diese Menschen weder die weltliche Gerechtigkeit noch Gott zu fürchten; der Gewaltstreich war schon seit langem geplant. Es schmerzt mich sehr, unsere beiden Brüder in ihren Händen zu wissen. Besser wären sie unter die Mauren gefallen, die doch vielleicht Mitleid gezeigt hätten.

Der Pater Johannes vom Kreuz, dieser große Diener Gottes, ist durch alles, was man ihm angetan hat, so geschwächt, daß ich um sein Leben fürchte.

Bei der Liebe unseres Herrn flehe ich Eure Majestät an, baldmöglichst die Freilassung zu befehlen und ein Gesetz zu erlassen, kraft dessen die Beschuhten Karmeliten die armen Unbeschuhten nicht mehr mißhandeln dürfen.

Letztere schweigen und leiden, was ihre Heiligkeit fördert, aber im Volke hält man die Vorkommnisse für skandalös. Wenn Eure Majestät hier nicht eingreifen, weiß ich nicht, wie weit es noch kommen wird. Kein anderer kann uns helfen auf Erden.

Möge der Herr uns Eure Majestät noch viele Jahre erhalten. Ich hoffe auf Ihn, daß er uns diese Gnade erweisen wird, da Sie offensichtlich nur Seine Ehre im Auge haben. Darum beten unablässig mit mir alle diese Dienerinnen Eurer Majestät!

Eurer Majestät unwürdige Dienerin und Untertanin

(Cta 208) Teresa de Jesús, Karmelitin.

*

Während ich mich in Palencia aufhielt, wurde Gottlob die Trennung von Beschuhten und Unbeschuhten Karmeliten vollzogen, indem man für die Beschuhten eine eigene Provinz bildete. Nun blieb uns für unsere Ruhe und unseren Frieden nichts mehr zu wünschen übrig. Auf Verlangen unseres katholischen Königs Philipps II., der uns in diesem Zusammenhang wie schon zuvor sehr unterstützte, hatte man uns aus Rom die notwendige sehr weit reichende Vollmacht gebracht (die Bulle Papst Gregors XIII. vom 22. Juni 1580). Unter der Schirmherrschaft des hochwürdigen Paters Fray Juan de las Cuevas, Prior der Dominikaner von Talavera, hielt man ein Kapitel in Alcalá de Henares ab. Der Pater, sowohl von Rom ermächtigt wie von seiner Majestät dem König von Spanien ernannt, ist ein kluger und heiliger Mann, wie es für diese Angelegenheit notwendig war. Der König übernahm die Kosten und auf sein Geheiß unterstützte uns auch die ganze Universität (Spaniens berühmte Renaissance-Universität von Alcalá!). Das Kapitel tagte in unserem Colegio San Cirilio, alles ging wunderbar friedlich und einträchtig vonstatten. Der Pater Magister Fray Jerónimo Gracián de la Madre de Dios wurde zum Provinzial gewählt.

Ich kann mir hier weitere Ausführungen ersparen, weil die Patres an anderer Stelle genau darüber schreiben werden. Ich habe es jedoch erwähnt, weil unser Herr, während ich mit der Klostergründung beschäftigt war, dieses bedeutende Werk zu Ehren der Mutter Gottes vollendete. Ihr ist ja unser Orden geweiht. Dieser Erfolg war eine der größten Freuden meines Lebens, hierfür hatte ich 25 Jahre lang Mühen, Verfolgungen und Fehlschläge auf mich genommen. Sie alle aufzuzählen ist unmöglich, und nur der Herr weiß, wovon ich spreche. Es kann aber nun, da alles vollendet ist, auch niemand den tiefen Jubel in meinem Herzen begreifen, der nicht weiß, durch welche Leiden ich gehen mußte. Ich wünschte, die ganze Welt würde jetzt in das Lob des Herrn einstimmen, und ich empfehle ihm unseren frommen König Philipp II., mit dessen Hilfe Gott alles zu einem so guten Ende geführt hat. War doch die Arglist des Teufels so groß, daß ohne unseren König alles zu Bruch gegangen wäre.

Nun haben wir unseren Frieden, Beschuhte und Unbeschuhte. Niemand hindert uns am Dienste unseres Herrn. Darum, meine Brüder und Schwestern, deren Gebete so wunderbar erhört wurden, eilt, eurem Herrn zu dienen!
(F 29, 30–32)

## GEDICHT

*Dein bin ich, Dir geboren –*
*Was wünschst Du, Herr, von mir?*

Gib, wenn Du willst, Gebetes Kraft,
wenn nicht, gib Trockenheit;
gib Frömmigkeit, die Andacht schafft,
wenn nicht, Vergeblichkeit.
O Majestät, in Dir allein
kann mir auf Erden Frieden sein:
*Dein bin ich, Dir erkoren –*
*was wünschst Du, Herr, von mir?*

Nichtwissen oder Weisheit schenk
um Deiner Liebe willen.
Im Überfluß ich Dein gedenk,
im Hunger, nicht zu stillen.
Schick Finsternis, schick helles Licht,
wenn nur Dein Wille in mir spricht!
*Dein bin ich, Dir geboren –*
*was wünschst Du, Herr, von mir?*

(P. »Vuestra soy«)

# EINE ZIEMLICHE EINSAMKEIT

Die Erfahrung zeigt, daß im Zweifelsfalle die Liebe sich eher dem Leiden als den Freuden zuneigt.

*(Francisco de Osuna, S. 124)*

# BEGEGNUNG MIT DEM PATER GRACIÁN

Beas, den 12. Mai 1575

An die Mutter Inés de Jesús, Medina del Campo.

Die Gnade des Heiligen Geistes sei mit Euer Ehrwürden, meine Tochter! Ich bin froh, Sie gesund zu wissen und bitte den Herrn, daß es so bleibe.

O liebe Mutter, wie gern hätte ich Sie in diesen Tagen bei mir gehabt! Ich gestehe Ihnen ohne Übertreibung: es waren, glaube ich, die schönsten meines Lebens! Der Pater Magister Gracián blieb mehr als zwanzig Tage. Je mehr ich mit diesem Manne umgehe, um so deutlicher wird mir sein unschätzbarer Wert. Er ist vollkommen, einen besseren hätten wir uns nicht von Gott erbitten können. Nun müssen Sie mit Ihren Nonnen beten, daß seine Majestät ihn uns zum Oberen gibt. Dann könnte ich die Leitung dieser Häuser ruhig niederlegen, denn noch nie sah ich eine derartige Vollkommenheit vereint mit solcher Milde. Gott schütze und geleite ihn! Für nichts würde ich diese Zeit wieder hergeben, da ich den Pater so häufig sehen und sprechen konnte. (Cta 79)

*

Im April des Jahres 1575, als ich das Kloster in Beas gründete, konnte auch der Magister Pater Jerónimo von der Mutter Gottes Gracián dorthin kommen. Ich beichtete einige Male bei ihm, wenn ich auch meine bisherigen Beichtväter, die mich leiteten, nicht durch ihn ersetzen wollte. Als ich nun in diesen Tagen einmal beim Essen saß, ohne irgendeine innere Sammlung, begann meine Seele abwesend zu sein und sich zurückzuziehen, so daß ich schon dachte, es überkäme mich eine Ekstase. Stattdessen kam eine Vision von der üblichen blitzartigen Kürze: Ich sah mich an der Seite unseres Herrn Jesus Christus, so wie er sich mir darzustellen pflegte. Zu seiner Rechten stand eben jener Magister Gracián. Der Herr ergriff seine rechte Hand und legte sie in die meine. Dabei sagte er mir, es sei sein Wunsch, daß ich diesen mein Leben lang als seinen Stellvertreter annähme und daß wir deshalb in allem miteinander übereinstimmen sollten.

Ich war sicher, daß Gott in mir sprach, wenn mir auch das Befohlene schrecklich widerstrebte, denn ich dachte an meine beiden langjährigen Beichtväter, denen ich viel verdankte, besonders dem einen, dem ich sehr zugetan bin (dem P. Domingo Báñez O. P.). Aber ich konnte mich nicht überzeugen, daß es sich bei dieser Vision um eine Täuschung gehandelt hätte, so stark war die innere Wirkung. Zudem sagte mir der Herr noch zweimal, ich solle mich nicht fürchten, es sei dieses sein Wunsch, wenn er es auch immer mit anderen Worten sagte. So war ich schließlich bereit, dem zu folgen, da ich darin den Willen des Herrn erkannte. Ich wollte nun dem Entschluß ein Leben lang treu bleiben. So hatte ich mich noch nie an jemanden gebunden, obwohl unter meinen Beichtvätern sehr gelehrte und heilige Männer waren, die meine Seele mit großer Sorgfalt behandelten. Aber wenn ich mich auch nicht band, wäre es mir doch auch nicht eingefallen, sie zu wechseln, denn ich hatte sie ja gewählt, weil wir einander entsprachen.

Als ich nun aber diesen Entschluß gefaßt hatte, überkamen mich eine solche Erleichterung und so ein Frieden, daß ich tief beeindruckt und sicher war, den Willen des Herrn erkannt zu haben. Denn solchen Trost und Seelenfrieden vermag der Teufel meiner Ansicht nach nicht zu verleihen. So pries ich denn den Herrn, wobei mir der Psalmvers in den Sinn kam: »Qui posuit fines suos in pace.«* Ich hätte mich am liebsten aufgelöst in Lobpreisungen Gottes. (CC 29, Beas, April 1575)

* Ps 147, 14, die Abweichung vom Original steht hier nicht zur Diskussion. Vermutlich verstand Teresa »fines« als »Absichten, Zwecke«.

Eines Nachts war ich sehr in Sorge, weil ich lange nichts von meinem Pater (Gracián) gehört hatte. Es war ihm nicht gut gegangen, als er mir das letzte Mal geschrieben hatte, wenn es zuvor auch schon schlimmer gewesen war - kurz, ich konnte vor innerer Unruhe nicht recht beten. Aber plötzlich erschien mir - und ich weiß, daß es keine Einbildung war - in meinem Innern ein Licht, und ich sah, wie er heiter und mit jenem weiß leuchtenden Antlitz daherkam, wie es meiner Ansicht nach alle Himmelsbewohner haben, weil der weiße Glanz des Lichts unseres Herrn auf sie fällt. Und ich hörte die Worte: »Sag ihm, er möge furchtlos beginnen, denn sein ist der Sieg«* (CC 45, Sevilla, November 1575).

* Der Satz ist im Spanischen doppelsinnig und wird meist auf Teresa bezogen (vgl. Kösel-Edition Bd. 1, S. 502 (54). Die Ausgangssituation jedoch, sowie die S. 306 f der Autobiographie des P. Gracián (Peregrinación de Anastasio, Burgos 1905) legen obigen, mit den Ordensstreitigkeiten verbundenen Bezug näher.

# BRIEFE
# AN DEN PATER GRACIÁN

Toledo, den 23. Oktober 1576

An den Pater Jerónimo Gracián, Sevilla.

Die Gnade des Heiligen Geistes sei mit Ihnen, mein Pater! Heute habe ich drei Briefe von Ihnen durch die Post erhalten und gestern jene, die mir der Pater Alonso überbrachte. Wie gut hat der Herr mein Warten belohnt? Er sei allezeit gepriesen, weil mein Pater bei guter Gesundheit ist.

Zuerst hatte ich ja einen großen Schrecken, denn als man mir die Umschläge der Priorin gab und ich Ihre Schrift nicht fand, weder im einen, noch im anderen, können Sie sich wohl denken, wie mir zumute war. Aber das hat sich ja dann schnell geändert. Bitte schreiben Sie mir doch immer das Datum der letzten Briefe, die Sie von mir empfingen. Denn manchmal antworten Sie nur direkt auf etwas und vergessen dann das Datum des Tages anzugeben. (Cta).

*

Toledo, 18. Dezember 1576

An den Pater Jerónimo Gracián, Sevilla.

Mit der Zeit, mein Pater, werden Sie ein wenig von der Offenheit verlieren, die ich selbst zwar als Heiligkeit erkenne, doch bin ich böser, schlechter Mensch hier ein wenig wie der Teufel, der nicht alle heilig sehen will. Denn ich möchte jeden Anlaß vermieden wissen, der Sie ins Gerede bringen könnte. Ich selbst kann es mir aus verschiedenen Gründen zwar leisten, im Umgang mit Ihnen viel Liebe zu zeigen, aber nicht alle Nonnen dürfen das. Und es würden auch nicht alle ihre Vorgesetzten sein wie Sie, mein Pater, mit Ihrem Freimut.

Auch ist es wahr, daß ich in meinem Verhalten sehr vorsichtig und zurückhaltend geworden bin, seit mir im Orden Töchter anvertraut sind. Ich muß ja daran denken, daß der Teufel sie durch mich versuchen könnte. Gott sei Dank glaube ich zwar, daß kaum schwere Vergehen an mir festzustellen waren, denn seine Majestät hat mich davor bewahrt. Aber ich gestehe, daß ich mich doch bemühen mußte, meine vielen Unvollkommenheiten so weit es geht vor den Töchtern zu verbergen.

Dazu gehört auch die Liebe zu meinem Paulus (P. Gracián) und die Sorge um ihn. Ich muß ihm oft klarmachen, was er für den Orden bedeutet, wenn ich ihn auch lieber mit solchen Vorhaltungen verschonen würde.

Wie lästig bin ich doch! Mein Pater möge nicht Anstoß nehmen an dem, was ich hier schreiben muß; wir haben beide eine große Last zu tragen und Gott und der Welt Rechenschaft abzulegen. Sie wissen ja, mit welcher Liebe ich Ihnen dieses sage und werden mir verzeihen, wenn ich Sie bitte, meine Briefe niemals öffentlich vorzulesen. Sie müssen bedenken, wie verschieden die Menschen die Dinge auffassen, und Geistliche dürfen manchmal nicht zu freimütig sein. Es ist ja doch ein großer Unterschied, mein Pater, ob ich zu Ihnen spreche, nämlich wie zu mir selber, oder mit anderen, und sei es die eigene Schwester. Schließlich möchte ich ja auch nicht, daß jemand zuhört, wenn ich mit Gott spreche, oder daß man mich stört, wenn ich mit ihm allein sein will. (Cta 162)

*

Avila, Oktober 1577

An den Pater Jerónimo Gracián.

Ich sage Ihnen, daß Josef (Jesus) recht hat, wenn er Sie schlafen läßt. Ich bin recht froh, denn seit Sie abgereist sind, habe ich ihn sehr innig darum gebeten und angefleht, weil es mir so notwendig erschien. Fast könnte man glauben, er tue es meinetwegen, ja ich glaube das wirklich, denn ich habe ihn in dieser Sache sehr bedrängt. Nun hoffe ich, daß sich mit dem Schlaf auch Ihre Leiden bessern.

Vernachlässigen Sie ja nicht eine solche Kostbarkeit wie das Gebet, es sei denn, es nimmt Ihnen zu viel von dem Schlaf, den der Körper so nötig hat. Der Herr gibt große Gaben im Gebet, und es wundert mich nicht, wenn der Teufel versucht, jemanden davon abzubringen.

Ich sage aber auch, mein Pater, daß es Ihnen sehr notwendig ist zu schlafen. Sehen Sie, Sie haben so viel Arbeit, und man merkt oft nicht, wie einem das zusetzt, bis der Kopfschmerz zeigt, daß es zu spät ist; Sie wissen doch, wie wichtig Ihre Gesundheit ist.

Bei Gott, ändern Sie Ihre Meinung, und nehmen Sie sich nicht zu viel vor! Bitte tun Sie mir den Gefallen! Denn oft benutzt der Teufel das leidenschaftliche Engagement, um dem Geiste vorzugaukeln, etwas sei sehr wichtig im Dienste Gottes. Das heißt, wenn er von der Seite des Bösen nicht an uns herankommt, versucht er es vom Guten aus.

(Ctas 453–454, Fragmente)

*

Avila, den 10. Juni 1579

An den Pater Jerónimo Gracián, Alcalá.

Aus beiliegendem Schreiben werden Sie, mein Pater, ersehen, was man über die arme Alte (Teresa) beschlossen hat. Wenn der Anschein nicht trügt, ist es meinen beschuhten Brüdern wichtiger, mich möglichst weit von sich zu entfernen, als mich im Kloster von Malagón zu wissen. Das hat mich ein wenig verdrossen, obwohl ich im übrigen keinerlei Abneigung dagegen habe, nach Malagón zu gehen. Allerdings fiele es mir schwer als Priorin, denn ich bin jetzt für dieses Amt nicht geeignet, so daß ich fürchte, dem Herrn damit schlecht zu dienen. Beten Sie doch bitte für mich, daß ich stets eine treue Dienerin bleibe. Aber letztlich möge kommen, was da wolle – je größer die Prüfungen, um so größer der Lohn. Bitte, lieber Pater, zerreißen Sie gleich diesen Brief.

Es ist mir tröstlich zu wissen, daß Sie bei guter Gesundheit sind, wenn ich Sie auch bei der Hitze nicht gern an diesem Ort sehe. Ach, ich fühle mich einsamer mit jedem Tag, den Sie so weit fort sind, wenn mir auch der Pater Josef (Jesus) immer nah zu sein scheint. So verbringe ich das Leben gebührend ohne weltlichen Trost und in ständigem innerem Schmerz. Sie selbst, mein Pater, scheinen schon gar nicht mehr auf dieser Erde zu weilen, so gründlich hat der Herr Sie von allen Versuchungen und Bindungen befreit und Ihnen mit vollen Händen gegeben, was man für den Himmel braucht.

Ich habe dem Pater Vikar geschrieben, daß ich ungeeignet für das Amt der Priorin sein würde, weil ich am Gemeinschaftsleben nicht teilnehmen kann. Sonst wäre es mir nicht schwer: um des Gehorsams willen ginge ich bis ans Ende der Welt. Ich glaube sogar, je mehr man von mir fordert, um so größer ist auch meine Freude, wenigstens etwas für diesen großen Gott tun zu können, dem ich so viel verdanke. Vielleicht dient man ihm sogar am besten, wenn man es aus reinem Gehorsam tut. Darum war ich auch meinem Paulus (P. Gracián) mit Freuden gehorsam, was auch immer er mir befahl. Hier würde ich gern noch manches hinzufügen, aber ich will damit lieber vorsichtig sein in einem Brief, zumal es sich um sehr innere Dinge handelt. Gott schütze Sie, mein Pater, Amen, Amen.

Gestern war der zweite Pfingsttag. Der meine ist noch nicht gekommen.

(Cta 280) Ihre unwürdige Dienerin Teresa de Jesús.

Malagón, den 14. Jan. 1580

An Pater Jerónimo Gracián, Alcalá.

Das Buch, von dem Sie mir sagen, daß es der Pater Medina abschreiben ließ, muß meiner Ansicht nach das große sein (die Autobiographie). Lassen Sie mich wissen, was Sie darüber erfahren und vergessen Sie es nicht, denn es würde mich sehr freuen, wenn es nicht verloren ginge. Sonst gibt es ja nur noch das Exemplar, das die »Engel« (die Inquisitoren) in Händen haben. Noch besser scheint mir allerdings das Buch, das ich später geschrieben habe (die innere Burg), wenn auch der Pater Domingo Báñez es nicht für gut hält. Zumindest hatte ich mehr Erfahrung, als ich es schrieb.

Gott behüte Sie. Wenn er mir eine Freude machen wollte, würde er mich Paulus (P. Gracián) sehen lassen. Will Gott mir aber diese Freude nicht machen, so sei mir Kreuz über Kreuz willkommen.

(Cta 305) Ihre unwürdige Dienerin und wahre Tochter
Teresa de Jesús.

*

Valladolid, den 18. Juli 1579

An den Pater Jerónimo Gracián, Alcalá.

Ich möchte Ihnen von einer Anfechtung erzählen, die mich gestern wegen des Elisäus (P. Gracián) befiel, und die immer noch andauert. Mir scheint, daß er manchmal etwas nachlässig ist, indem er nicht in allem die ganze Wahrheit sagt. Zwar sehe ich, daß er das nur bei Geringfügigkeiten tut, aber ich wollte doch lieber, daß er sich auch hierin sehr sorgfältig verhielte. Ich bitte Sie von Herzen, mein Pater, ein ernstes Wort mit ihm zu reden, denn wahre Vollkommenheit ist mit solchen Nachlässigkeiten unvereinbar.

Sie sehen, ich mische mich hier ein, als hätte ich nichts anderes zu tun. Bitte empfehlen Sie mich Gott, denn ich habe es sehr nötig.

(Cta 286) Ihre unwürdige Dienerin Teresa de Jesús.

Salamanca, den 4. Oktober 1579

An den Pater Jerónimo Gracián, Alcalá.

Die Gnade des Heiligen Geistes sei mit Ihnen, mein Pater! Angela (Teresa) hat nach dem, was sie mir berichtet, harte Prüfungen zu erdulden. Ihre Natur ist schwach, darum betrübt sie sich, wenn sie merkt, daß man ihr schlecht vergilt. Um der Barmherzigkeit willen bitte ich Sie, Pater, diesem Herrn (dem P. Gracián) zu sagen, er möge doch eine gewisse Sorglosigkeit seines Naturells nicht auf sie anwenden. Denn wahre Liebe schläft nicht so lange.

Meine Gesundheit ist leidlich. Die hiesige Priorin und die Schwestern empfehlen sich Ihnen, lieber Pater. Gott schütze Sie und lasse mich Sie wiedersehen.

Es ist schon drei Uhr in der Nacht, und ich habe die Prim noch nicht gebetet.

Heute ist der Tag des Heiligen Franziskus.

Ihre unwürdige Dienerin und Tochter

(Cta 294) Teresa de Jesús.

*

Valladolid, den 4. Oktober 1580

An den Pater Jerónimo Gracián, Medina.

Ich fürchte, dieses kleine Maultier ist nicht das richtige für meinen Pater und ich meine, er sollte sich ein besseres kaufen. Wenn Sie zustimmen, könnte Ihnen jemand das Geld leihen, und wenn ich hier etwas bekomme, werde ich es Ihnen schicken. Daß man mir nur kein Tier kauft, das meinen Pater abwirft! Bei dem jetzigen Maultier macht mir das weniger Sorgen, weil es nicht hoch ist.

Ihre unwürdige Tochter

(Cta 334) Teresa de Jesús

*

Palencia, den 22. Mai 1581

An den Pater Jerónimo Gracián, Salamanca.

Der Heilige Geist sei mit Ihnen, mein Pater. Sehen Sie jetzt, wie kurz meine Freude war? Dabei hatte ich mir die Reise so sehr gewünscht, und ich mochte mir gar nicht vorstellen, daß sie ja auch ein Ende haben würde. Ich dachte jetzt daran, daß mir das auch früher so ging, wenn ich in Ihrer Gesellschaft reiste. Um Himmels willen! Mir scheint, ich fange an, verdrießlich zu werden! Ja, ich muß Ihnen sagen, Pater, mein Fleisch ist schwach, und so bin ich trauriger geworden, als mir lieb ist. Es war wirklich schlimm. Sie hätten doch Ihre Abreise wenigstens bis zu unserem Umzug verschieben können! Acht Tage mehr hätten doch nichts ausgemacht! Eine ziemliche Einsamkeit haben Sie hier zurückgelassen.

Es ist wahr, ich schreibe Ihnen wenig Erfreuliches. Ich bin dazu nicht aufgelegt. Mir gereicht alles zum Überdruß, denn schließlich hat meine Seele niemanden mehr, der sie tröstet und leitet. Möge Gott das alles als Opfer annehmen, dann gibt es auch keinen Grund mehr zur Klage, wie tief auch immer der Schmerz ist.

O mein Pater, preisen Sie Gott, der Sie so schuf, daß jeder Sie gern hat! Niemand vermag diese Leere auszufüllen, die Sie hinterließen, und der armen Lorencia (Teresa) wird alles zur Last. Sie bittet sehr um Ihr Gebet. Sie sagt, daß nichts ihr die Ruhe und den Frieden wiedergeben könne, es sei denn Gott und jemand, der sie so versteht wie Sie, mein Pater. Alles übrige wird ihr zu einem so schweren Kreuz, wie sie es niemandem wünschen möchte.

Auch Ana de San Bartolomé ist sehr traurig. Sie empfiehlt sich Ihrem Gebet. Geben Sie uns bitte Ihren Segen und empfehlen Sie uns sehr seiner Majestät. Er behüte und geleite Sie, Amen.

Ihre unwürdige Dienerin und Tochter

Teresa de Jesús

(Cta 366)

*

Valladolid, den 1. September 1582

An den Pater Jerónimo Gracián, Sevilla.

Die Gnade des Heiligen Geistes sei mit Ihnen, mein Pater. Auch häufiges Schreiben reicht nicht mehr aus, um mir den Kummer zu nehmen, wenn es mich auch erleichtert zu wissen, daß es Ihnen gut geht und das Klima dort gesund ist. Wolle Gott, daß es so bleibe! Soviel ich übersehen kann, habe ich alle Ihre Briefe erhalten.

Die Gründe für Ihren Entschluß zur Reise haben mich nicht überzeugt, denn die Studienordnung, so wie die Anweisung, nicht mehr die Beichten der Beatinnen zu hören, hätten auch von hier aus ergehen können. Zwei Monate Wartezeit würden den Klöstern dort nichts ausmachen, wenn Sie inzwischen hier alles geordnet hätten. Ich verstehe den Grund Ihrer Abreise nicht, doch empfinde ich unter den gegenwärtigen Umständen Ihre Abwesenheit so sehr, daß mir die Lust vergangen ist, Ihnen zu schreiben. So unterließ ich es bis jetzt, wo ich dazu gezwungen bin. Heute ist Vollmond, ich hatte eine schlechte Nacht, doch denke ich morgen, wenn der Vollmond vorüber ist, wird auch meine Indisposition vergehen. Das Halsleiden hat sich gebessert, aber es verläßt mich nicht.

Nach meiner Ankunft hier hat man mir erzählt, daß Sie nicht gern einen Mann von Format an Ihrer Seite sehen (P. Nicolás Doria). Ich weiß sehr wohl, daß Sie tun, was Sie können. Aber wenn demnächst das Kapitel zusammentritt, möchte ich nicht, daß man Ihnen einen Vorwurf machen kann. Bedenken Sie das um Gottes willen und auch, was Sie in Andalusien predigen! Es gefällt mir gar nicht, Sie lange dort zu wissen. Was Sie mir vor wenigen Tagen erzählten von dem, was einige dort durchmachen mußten, läßt mich bitten, Gott möge mir den Kummer ersparen, daß ich Sie in ähnlicher Situation sehen müßte. Und Sie sagten es ja selbst, der Teufel schläft nicht. Zumindest müssen Sie mir glauben, daß, solange Sie sich dort aufhalten, ich mich in Sorge verzehre.

Wenn Sie auch nicht oft predigen, flehe ich Sie doch an, sehr auf das zu achten, was Sie sagen.

Über den Gang der Dinge in Salamanca gibt es viel zu berichten. Ich darf wohl sagen, daß ich schlimme Stunden damit verbracht habe, und wolle Gott, daß alles gut endet.

Ich muß Ihnen gestehen, daß die Priorin mich ausgetrickst hat. Sie ist ein typisches Weib: handelt einfach und tut, als besäße sie bereits Ihre Erlaubnis. Dem Rektor dagegen erzählt sie, sie sei von mir beauftragt, obwohl ich von dem Verkauf weder etwas erfahre, noch ihn für richtig halte, wie Sie ja wissen. Und mir sagt sie, der Rektor handele auf Anweisung meines Paters. Das alles ist ein Intrigenspiel des Teufels, und ich weiß nicht, auf was es sich stützt, denn die Priorin lügt nicht, sondern verliert ihre Vernunft an den großen Wunsch, dieses unselige Haus zu besitzen. Sie hat den Kauf mit solcher Eile durchgezogen, daß ich das für Absicht halte, damit ich nichts davon erfahre. Beiliegender Brief zeigt Ihnen, daß die Kosten sich mit den Gebühren auf 6000 Dukaten belaufen. Es sagen aber alle, das Haus sei nicht mehr als 2500 wert. Wie reimt sich das zusammen, daß arme Nonnen ein solches Verlustgeschäft machen! Und das Schlimmste ist, daß sie das Geld nicht einmal haben. Mir kommt es vor, als sei alles eine Manipulation des Teufels, um das Kloster zu verderben.

Mein Pater, um Gotteswillen, seien Sie vorsichtig in allem, was Sie tun. Und trauen Sie niemals Nonnen, die Ihnen – das kann ich wirklich sagen – tausend Dinge vorspiegeln, um eine Sache zu bekommen, die sie unbedingt haben wollen. Es wäre viel besser, sie würden sich ein kleines Haus kaufen, wie es Armen entspricht und dort in Demut einziehen – später könnten sie sich ja vergrößern –, als daß sie sich derartig verschulden.

Wenn mich, mein Pater, gelegentlich an Ihrer Abreise auch etwas freuen kann, dann ist es, Sie von allen diesen Unannehmlichkeiten frei zu wissen, die ich viel lieber allein auf mich nehme.

In Alba (de Tormes) hat man es sich sehr zu Herzen genommen, daß ich schrieb, ich sei verärgert und würde bald dort hinkommen. Gut so!

Ach Pater, in welcher Bedrängnis sah ich mich in diesen letzten Tagen, aber nun ist alles wieder gut, weil ich weiß, daß Sie gesund sind. Gott mit Ihnen!

Meine Empfehlung an die Mutter Priorin und alle Schwestern. Ich schreibe ihnen nicht, weil sie ja durch diesen Brief von mir erfahren. Ich bin froh, die Schwestern gesund zu wissen und bitte sie, meinen Pater zwar nicht zu verwöhnen, aber gut zu pflegen.

Bitte grüßen Sie den Pater Johannes vom Kreuz! Auch Schwester Ana empfiehlt sich Ihnen. Der Herr behüte Sie, ich bete sehr darum. Er bewahre Sie vor Gefahren, Amen.

Heute ist der erste September (1582!).

Ihre ergebene Dienerin und Untertanin
Teresa de Jesús.

(Cta 438)

*

Ich weiß nicht, woher ich die Zeit genommen habe, um alle diese Briefe zu schreiben. Ich muß doch auch immer noch Zeit für Josef (Jesus) übrig behalten, denn von ihm bekomme ich Kraft für alles.

(Cta 134)

## GEDICHT

Nichts soll dich verwirren
nichts soll dich beirren
alles vergeht.

Gott wird sich stets gleichen
Geduld kann erreichen,
was nicht verweht.

Wer Gott kann erwählen,
nichts wird solchem fehlen:
Gott nur besteht.

(P. Nada te turbe, bzw. Sólo dios basta,
aus: P. Silverio de Santa Teresa C. D.,
Obras de Sta. Teresa de Jesus, VI, Burgos 1919).

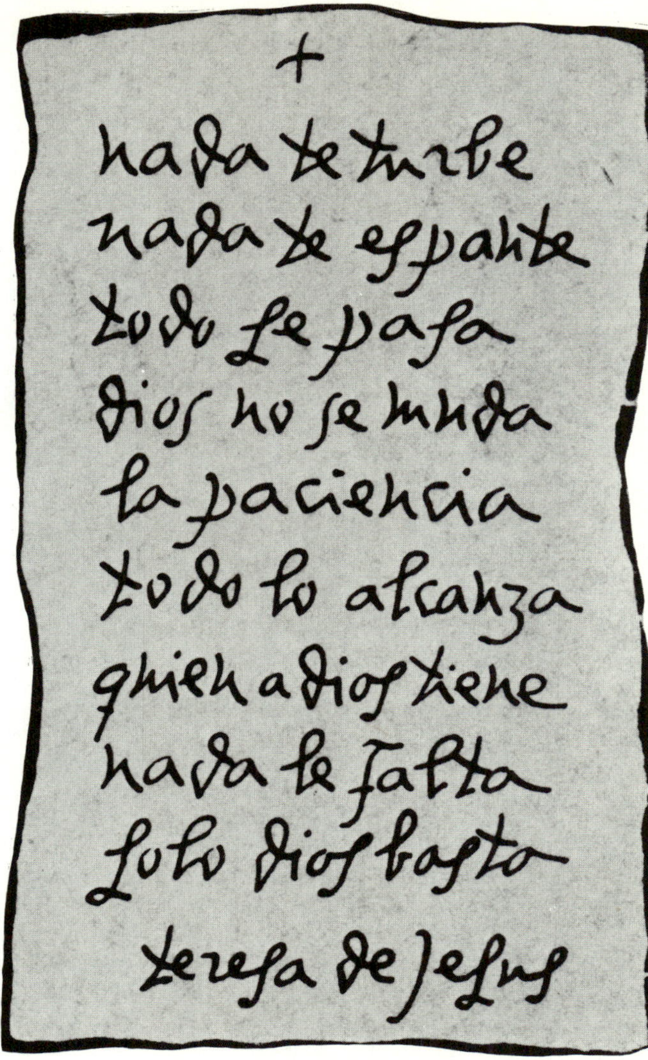

\+

nada te turbe
nada te espante
todo se pasa
dios no se muda
la paciencia
todo lo alcanza
quien a dios tiene
nada le falta
solo dios basta

teresa de jesus

*Faksimile Teresa*

# MEMENTO: DER SCHMETTERLING

Alle, die nach Vollkommenheit streben, erreichen den Gipfel erst, wenn sie nicht mehr den eigenen Fortschritt suchen, sondern Gott allein. So daß sie ganz aus der Liebe heraus leben. Sie gleichen dem Schmetterling, der nach getaner Arbeit aus der Seidenraupe hervorschlüpft.

*(Francisco de Osuna, S. 100.)*

Über die (vorübergehende) Vereinigung habe ich wohl schon alles gesagt. Aber es gibt noch viel zu erklären zu dem, was hier der Herr in der Seele wirkt. Ich werde dazu ein Gleichnis benutzen, das zeigen soll, daß wir zwar selbst nicht aktiv mitwirken, wohl aber uns innerlich vorbereiten und zur Verfügung stellen können.

Ihr werdet schon einmal gehört haben, auf welch wunderbare Weise in der Natur die Seide entsteht. Nur der Herr selbst konnte eine solche Erfindung machen. Da ist zunächst ein winziges Ei, etwa von der Größe eines Pfefferkorns, wie ich hörte, denn ich habe es nie gesehen, aus dem, wenn der Maulbeerbaum seine ersten Blätter treibt, mit der Wärme ein Räupchen ausschlüpft. Es beginnt also erst zu leben, wenn es sich auch ernähren kann, und es frißt nun die Maulbeerblätter, bis man der groß gewordenen Raupe Zweige hinlegt, unter denen sie sich selbst mit Seidenfäden, die aus ihrem Munde hervorgehen, in eine ganz feste Hülle einspinnt. Das ist das Ende der großen und häßlichen Seidenraupe, aus deren Puppe dann ein weißer, ganz entzükkender Schmetterling hervorgeht.

Wie nun die Raupe durch die Wärme ins Leben kam, so sendet Gott uns allen die Hilfe des Heiligen Geistes. Und wenn man sich der Nahrung, das heißt der Sakramente und des Wortes der heiligen Kirche bedient, so beginnt man zu leben und zu wachsen durch die Nahrung guter Betrachtungen, bis man so groß ist, daß man sich wie die Raupe einspinnen kann. Man baut sich so ein Haus zum Sterben. Dieses Haus müssen wir als Christus erkennen. Ich habe irgendwo gelesen oder gehört, daß unser Leben in Christus verborgen ist, und daß wir sterben müssen, damit Christus in uns lebe.

Auf, meine Töchter, gehen wir ans Werk und weben wir uns diese Hülle! Trennen wir uns von unserer Eigenliebe und unserem Eigenwillen, von allem, was uns ans Irdische bindet! Sterbe, ja sterbe doch diese Seidenraupe, denn damit erfüllt sie, wozu sie geschaffen wurde. Dann werdet ihr Gott schauen und ganz eingehüllt sein in seine Größe, wie die Raupe in ihrer Puppe. Wenn ich sage »Gott schauen«, so müßt ihr darunter verstehen: wie er sich von uns in dieser Art der Vereinigung erfahren läßt.

Betrachten wir also, was aus der Raupe wird, wenn aus ihr, ganz in Gebet versenkt und der Welt abgestorben, ein weißer Schmetterling hervorgeht. O Größe Gottes, wie herrlich geht eine Seele schon aus solcher kurzen Versenkung in Gott hervor, die nach meiner Erfahrung nie länger als eine halbe Stunde dauert. Wahrhaftig, die Seele erkennt sich selbst nicht wieder. Denkt doch nur an den Unterschied zwischen der häßlichen Raupe und dem schönen weißen Schmetterling! Sie kann sich gar nicht erklären, wie ihr so viel Gnade zufließt. Die Seele möchte vergehen und tausend Tode sterben, um den Herrn so zu preisen, wie es sie innerlich drängt. Sie nimmt nun große Mühen und Leiden auf sich, es zieht sie zu Bußwerken, in die Einsamkeit, und zugleich möchte sie, daß alle Gott erkennen.

Welch ein staunenswertes Wunder vollbringt hier Gott, da doch der kleine Schmetterling keinen Augenblick untätig sein kann und zugleich noch nie in seinem Leben so tiefe Ruhe und solchen Frieden erfuhr. Er weiß aber nicht, wo er sich niederlassen soll, denn er ist so von Gott ergriffen, daß nichts auf Erden ihn mehr befriedigt, besonders wenn Gott ihm oft seinen Nektar zu trinken gibt. Aus jeder dieser Gebetsvereinigungen geht er neu beschenkt hervor. Das gemächliche Spinnen der Raupe kann er nicht mehr schätzen, denn inzwischen sind ihm Flügel gewachsen. Wie sollte denn jemand, der fliegen kann, noch Schritt für Schritt vorgehen wollen? Was auch immer er für Gott tun kann, erscheint ihm, verglichen mit seinem Wunsche, als wenig. Und die Leiden der Heiligen werden von ihm nicht überbewertet, da er nun aus Erfahrung weiß, wie der Herr eingreift und die Seele verwandelt, so daß sie eine ganz andere wird. Sie würde am liebsten alle alten Bindungen aufgeben, es sei denn, sie handele damit gegen den Willen Gottes. Alles ermüdet sie, weil sie erfahren hat, daß bei den Geschöpfen keine wahre Ruhe zu finden ist.

Der kleine Schmetterling fühlt sich also fremd hier auf Erden; er weiß nicht, wo er sich niederlassen soll. Wohin soll er fliehen, der arme Kleine? Es steht ja nicht in seiner Macht, zum Ausgangspunkt zurückzukehren, denn das liegt ganz in Gottes Hand. O mein Gott, welche Leiden beginnen nun für die Seele! Wer hätte das gedacht nach so hohen Gnaden. Kurz, es zeigt sich, daß wir unser Kreuz zu tragen haben, so lange wir leben. Und wer meint, er lebe nach diesen ersten Gnaden der Vereinigung immer in Heiterkeit und Ruhe, dem sage ich, daß er sie überhaupt noch nicht erfahren hat. (5 M 2, 1–4, 6–9)

*

Ich möchte wieder zum Schmetterling zurückkehren. Er hinterläßt wieder Samen für neue Seidenraupen und stirbt dann für immer. Ich spreche vom Samen, weil ich meine, daß Gott keine Gnade vergeblich gibt, so daß, was schon uns selbst nicht helfen kann, doch anderen hilft. Denn so lange die Seele im Guten verbleibt, wird sie anderen Seelen nützen und ihnen von ihrer Wärme abgeben. Und auch, wenn ihr das Leben schon entweicht, möchte sie doch, daß andere durch sie die Gnade Gottes erkennen und ihm darum in Liebe dienen. (5 M 3, 1)

*

So hat denn schließlich der kleine Schmetterling seine Ruhe gefunden und ist voll innigster Freude gestorben, weil Christus in ihm lebt. (7 M 3, 1)

## TERESA VON AVILA:

*Kurzbiographie*

*Teresa Sánchez de Cepeda y Ahumada wird am 28. März 1515 in Avila als Tochter des Alonso Sánchez de Cepeda und seiner zweiten Frau Beatriz de Ahumada geboren. Die Mutter entstammt altkastilischem Adel, der Vater aus Toledo muß wegen seiner jüdischen Abstammung um seinen Adelstitel prozessieren: Teresas Großvater hatte sich 1485 unter dem Druck der neuerrichteten spanischen Inquisition zum Christentum bekehrt. »Conversos«, d.h. Zwangsbekehrte, wurden wegen des Verdachts der Scheinbekehrung und des Wirkens im »Untergrund« vom spanischen Staat mit seinem kirchlichen Instrument noch durch Generationen verfolgt.*

*1531, drei Jahre nach dem Tode ihrer Mutter, wird Teresa in ein Augustinerinnen-Internat gegeben, das sie jedoch wegen Erkrankung bald wieder verläßt. 1535 tritt sie gegen den Willen des Vaters in das karmelitische Menschwerdungskloster (Santa María de la Encarnación) in Avila ein. Zwei Jahre später legt sie Profeß ab und erkrankt schwer, so daß sie außerhalb des Klosters behandelt werden muß. Solche (psychosomatischen?) Krankheiten durchziehen ihr ganzes Leben, hindern sie aber nicht an heroischer Aktivität.*

*Im noch nicht zum »Vollkloster« entwickelten Konvent ringt Teresa ohne Seelenführer achtzehn Jahre lang um Fortschritt im kontemplativen Gebet und asketischen Leben. 1554 erfährt sie vor einer leidvollen Christusstatue eine schwere Erschütterung, die sie zu radikaler Nachfolge stark macht. Schon zwei Jahre später werden ihr die kurzen Gotteinigungen der »geistlichen Verlobung« zuteil. Im Verein mit weiteren fördernden Umständen lassen sie in ihr den Entschluß zur Ordensreform reifen. 1562 gründet sie in Avila das Reformkloster San José.*

*Als ein Jahr später Johannes vom Kreuz in den Orden eintritt, wird durch seine Mitarbeit auch der männliche Orden reformiert. Weitere Helfer und Helferinnen schließen sich an;*

*Teresa, die sich jetzt Teresa de Jesús nennt, ist fast ständig auf Reisen, was nicht den Eintritt in die Unio Mystica, die »geistliche Vermählung« hindert, die nach Angabe der Heiligen 1572 stattfindet.*

*Durch den Erfolg der Reform wachsen auch die Widerstände, besonders im männlichen Orden. Als 1575 der Pater Jerónimo Gracián nicht nur zum kommissarischen Provinzial für Andalusien, sondern auch zum apostolischen Visitator des Gesamtordens in Spanien ernannt wird, bricht der berühmte »Sturm« los, der Teresas engste Mitarbeiter ins Gefängnis wirft und sie selbst, neben Schwierigkeiten mit der Inquisition, zum Aufgeben ihrer Gründungstätigkeit zwingt. Der apostolische Nuntius nennt sie bei dieser Gelegenheit eine »ruhelose Landstreicherin« (Cta 254). Die Kämpfe werden von Rom aus durch Ernennung des P. Angel de Salazar zum Generalvikar der »Unbeschuhten Karmeliten« beendet, die hiermit zur Eigenständigkeit gelangen. 1581 tritt das erste Kapitel des sich formierenden Ordens zusammen und wählt den P. Gracián zum Provinzial der spanischen Provinzen.*

*Teresa konnte schon 1580 ihre Gründungstätigkeit wieder aufnehmen. Sie stirbt zwei Jahre später, am 4. Oktober 1582 im Kloster zu Alba de Tormes, in dem sie sich besuchsweise aufhielt, an einem Blutsturz. Der nächste Tag ist der 15. Oktober, da in der Nacht der gregorianische Kalender in Kraft tritt* (4. Oktober = 14. Oktober. Fest am 15.10.).

Posthume Daten: *Seligsprechung 1614, Ernennung zur Schutzpatronin Spaniens 1617, Heiligsprechung 1622. Als erste Frau wird sie 1970 zum Doctor Ecclesiae, zur Kirchenlehrerin ernannt.*

## *Schriften*

Die angegebenen Jahreszahlen stehen für die Zeiten der Entstehung. Die Abkürzungen, die für die Texte benutzt wurden, entsprechen denen der ersten Edition dieses Buches zugrundeliegenden Ausgabe der »Obras completas de Santa Teresa de Jesús«, Biblioteca de Autores Cristianos, Madrid 6/1977. (Für Revisionen Madrid 8/1986).

| | | |
|---|---|---|
| 1562–65 | Vida (Autobiographie) . . . . . . . . . . . . . . . . .<br>(Die erste Fassung 1560–62 ging verloren) | V |
| 1560–81 | Cuentas de Conciencia (Erfahrungsberichte). . . . . | CC |
| 1562–69 | Camino de perfección (Weg der Vollkommenheit)<br>Manuskript Escorial 1562–64. . . . . . . . . . . . .<br>Manuskript Valladolid 1569 . . . . . . . . . . . . | <br>CE<br>CV |
| 1566/67, 1574 | Meditaciones sobre El Cantar de Cantares,<br>(Gedanken über Das Hohelied), I und II . . . . . . . | MC |
| 1569 | Exclamaciones del alma (Rufe der Seele). . . . . . . | E |
| 1573–82 | Libro de las Fundaciones (Buch der Klostergründungen). . . . . . . . . . . . . . . . . . | F |
| 1577 | Las Moradas del Castillo interior (Die Wohnungen der inneren Burg) . . . . . . . . . . . . . . . . . . | M |
| 1546–82 | Epistolario (Briefe) . . . . . . . . . . . . . . . . . . | Cta |

## *In den Texten auftretende Personen*

*Fray Pedro de Alcántara,* Franziskaner, 1499–1562, Mystiker und Klostergründer, in seiner Zeit sehr verehrt. Heiligsprechung 1669. Teresa lernt ihn im August 1560 in Avila kennen. Sie findet bei diesem Beichtvater großes Verständnis.

*Ana de Jesús,* Unbeschuhte Karmelitin, Freundin und Helferin Teresas bei den Klostergründungen. Gest. 1621 in Brüssel. Priorin in Beas und nach dem Tode Teresas in Madrid. Sie führt den Orden in Frankreich und Belgien ein. Eine bedeutende Frau, Johannes vom Kreuz widmet ihr seinen Cántico Espiritual (Geistlichen Gesang), Fray Luis de León das in Briefform gehaltene Vorwort zur Erstausgabe der Werke Teresas (deren Handschriften Ana gesammelt hatte) und seinen weltberühmten Kommentar zum Buche Hiob.

*Domingo Báñez,* Dominikaner, 1528–1604, Hauptvertreter des strengen Thomismus in Spanien, Gegner der von den Jesuiten (Luis de Molina) vertretenen Lehre vom freien Willen. Erhält 1581 einen Lehrstuhl an der Universität Salamanca (einer der besten Theologischen Fakultäten Europas). Ist langjähriger Beichtvater Teresas. Ermutigt sie zu ihrer Autobiographie, (1560–62), beschützt sie mehrfach mit seinen Gutachten vor der Inquisition. Im »Gnadenstreit« mit den Jesuiten legen die Dominikaner, geführt von Báñez, den Akzent auf die Allmacht Gottes.

*Johannes vom Kreuz* (Juan de la Cruz), 1542–1591. Karmelit, großer Mystiker und Heiliger. Tritt 1563 in das in Medina del Campo gegründete Kloster ein, wird Teresas wichtigster Mitgründer und Fortsetzer der Ordensreform. Als Opfer der Kämpfe zwischen dem Stammorden und dem Reformorden 1577/78 im Klostergefängnis zu Toledo. 1582–88 Prior in Granada, 1585–87 Provinzialvikar von Andalusien. 1588–91 Prior und Generaldefinitor in Segovia, Seligsprechung 1675, Heiligsprechung 1726. Ernennung zum Kirchenlehrer 1926. Johannes vom Kreuz ist einer der größten Lyriker Spaniens. Darum wurde er 1952 zum Schutzpatron der spanischen Dichter ernannt. Zusammen mit Teresa von Avila ist er der offizielle Vertreter christlicher Mystik.

*Juan Bautista Rubeo,* Ordensgeneral der Beschuhten Karmeliten, 1507–1578. Professor in Rom, Befürworter der Reform Teresas, wenn es auch später zu Spannungen kam.

*Nicolás Doria,* 1539–1594, Unbeschuhter Karmelit und sehr tüchtiger Mitarbeiter Teresas, der es zu höchsten Ämtern brachte. Durch ein Übermaß an Strenge arbeitete er später oft gegen den Geist Teresas und wurde zum Feinde des P. Gracián, den er aus dem Orden ausstoßen ließ.

*Jerónimo Gracián,* Klostername de la Madre de Dios, 1545–1614, ab 1572 Unbeschuhter Karmelit in Pastrana, 1575 »inoffiziell« Provinzial von Andalusien, Ende des gleichen Jahres Ernennung zum apostolischen Visitator der dortigen Beschuhten und Unbeschuhten Karmeliten. 1578 vom päpstlichen Nuntius abgesetzt wegen der Rebellion der »Beschuhten« und im Colegio von Alcalá zu Arrest verurteilt. Von König Philipp II. wieder eingesetzt, jedoch mit geringer praktischer Wirkung. Erst durch das Kapitel von Alcalá de Henares am 5. Mai 1581 wird der P. Gracián offiziell zum Provinzial aller »Unbeschuhten« Klöster Spaniens gewählt. Nach dem Tode Teresas setzt eine Diffamierungskampagne gegen ihn – den von Teresa am meisten geschätzten Karmeliten – ein. Da er keinen Widerstand leistet, wird er 1592 aus dem Orden ausgestoßen. (Sein eigentlicher Feind ist der Unbeschuhte Karmelit Nicolás Doria.) Gracián reist nach Rom, um Unterstützung gegen Doria zu suchen. Unterwegs fällt er türkischen Seeräubern in die Hände, die ihn gefangennehmen und nach Tunis führen, wo man ihm ein Kreuz in die Fußsohlen brennt. Er bemüht sich, die Moslems zum Christentum zu bekehren. 1595 ist er wieder frei und wird durch Papst Clemens VIII. in den Stammorden zurückversetzt. Er lebt nun in Brüssel, wo Ana de Jesús, die stets und unter Schwierigkeiten zu ihm hielt, eines der von ihr gegründeten Klöster als Priorin leitet. Gracián stirbt in Brüssel am 21. September 1614, fünf Monate nach der Seligsprechung der heiligen Teresa von Avila.

Teresa lernte ihn 1575 in Beas (Andalusien) kennen und wählte ihn »für ihr Leben« zum Beichtvater, Freund und Vertrauten. Sie schreibt ihm in den sieben Jahren, die ihr bis zu ihrem Tode noch bleiben, fast täglich.

*König Philipp II. von Spanien,* 1527–1598, Regierungszeit ab 1556. Vorkämpfer der Gegenreformation, großer Kulturmäzen, aber schlechter Politiker und »Ökonom«: Verlust der Niederlande, der Armada (der »unbesieglichen« Flotte), mehrere Staatsbankrotte. Erbauer des Escorial, der wichtige Schriften Teresas verwahrt. Teresa trat mit ihm in brieflichen Kontakt. Der König schützte und förderte die Unbeschuhten Karmeliten.

## *Hinweis für den Leser*

Die Briefform bleibt in den Texten gewahrt, wenn sie auch als solche das Wesen der Heiligen zeigen soll. Geht es aber nur um die inhaltliche Aussage, ist der Brief in Klammern unter dem Text vermerkt.

Klammern innerhalb und oberhalb der Texte enthalten Erläuterungen und Hinweise der Übersetzerin.

Die jedem Kapitel vorangestellten Leitsätze des Francisco de Osuna wurden dem Buch der Verfasserin: Francisco de Osuna, Versenkung, Herder, Freiburg 1982 entnommen. (Reihe Texte zum Nachdenken (Herderbücherei 938), die Seitenzahlen geben die Zitatstelle an).

Die Gedichte wurden – mit Ausnahme des ersten und letzten – gekürzt.

## *Bildnachweis*

Fotos: Rosmarie Pierer, Hamburg.

Glockenturm an der Mauer von Avila

Blühende Agave

Handschrift der Heiligen: das Faksimile des Gedichtes »Nada de turbe« (Nichts soll dich verwirren) stammt aus dem Kloster San José in Avila.

# Mystik

Johannes vom Kreuz
**Der Geistliche Gesang**
Vollständige Neuübertragung
Band 4554

Band drei der ersten vollständigen Neuübersetzung der ursprünglichen, lyrischen Versionen des Geistlichen Gesangs.

Johannes vom Kreuz
**Worte von Licht und Liebe**
Briefe und kleinere Schriften
Vollständige Neuübertragung
Band 4506

Ratschläge, Lebensregeln, spirituelle Anweisungen, voll psychologischer Einsicht und Menschenkenntnis.

Johannes vom Kreuz
**Die dunkle Nacht**
Vollständige Neuübersetzung
Band 4374

Im Aufgeben des eigenen Selbst wird man offen für die andere Realität.

Bruno Borchert
**Mystik**
Das Phänomen – Die Geschichte – Neue Wege
Mit zahlreichen Abbildungen
Band 4530

Das Standardwerk: solide und kenntnisreiche Einführung, faszinierender Überblick und spannende, anschauliche Darstellung.

Annemarie Schimmel
**Wie universal ist die Mystik?**
Die Seelenreise in den großen Religionen der Welt
Band 4484

Die große Mystikerforscherin erschließt die dichterische, oft dunkle Sprache der Mystiker. Eine faszinierende Zusammenschau.